iMAP 공부법

자기주도학습개발연구소
강재훈 소장 지음

만들어라 **M**ake
분석하라 **A**nalyze
실행하라 **P**ractice

평단

당신이 공부를 못하는 진짜 이유

당신이 배를 만들고 싶다면, 사람들을 불러 모아 나무를 해 오게 하거나
이런저런 일을 시키려 하지 말고 끝없는 바다에 대한 동경을 심어 주어라.
– 생텍쥐페리

열심히 하는데도 왜 공부 못하는 사람으로 남아 있는 것일까. 공부는 왜 이토록 어렵고 힘이 드는 것일까. 결론부터 말하면 '공부의 이유'를 모르기 때문이다. 진정한 '공부의 이유'는 인생의 궁극적인 목표와 밀접하게 맞닿아 있다. 당장 입시가 급한데 그런 것까지 꼭 알아야 하느냐고 반문할 수도 있다. 물론 대학 입시나 취업, 승진 같은 목표가 그 이유라고 말하는 사람도 있을 것이다. 하지만 그런 것들이 인생의 최종 목표가 될 수는 없지 않겠는가.

단지 시험을 잘 보기 위한 공부, 출세하고 성공하기 위한 공부는 모두 억지 공부로 변질될 가능성이 크다. 억지 공부로 내

몰리면 '공부의 이유' 같은 걸 생각할 여유가 없다. 그 결과 공부는 시간이 갈수록 더 어려워지고 힘들어질 수밖에 없다. 왜 해야 하는지도 모르는 일을 열심히 하는 것처럼 어리석고 무의미한 일은 없다. 왜 공부가 어려운가. 왜 힘이 드는가. 왜 공부를 못하는가. 그 진짜 이유는 무엇인가. 해결책은 과연 없는 것인가. MAP 공부법은 이러한 문제 제기에서 시작되었다.

억지 공부는 이제 그만

21년간의 교육 현장 경험에서 얻은 최종 결론은 억지로 하는 공부는 아무런 소용이 없다는 것이다. 뇌의 입장에서 보면 스트레스만 불러일으킬 뿐이다. 일시적인 반짝 효과는 기대할 수 있을지 모르지만 장기적으로는 공부를 부정적으로 인식하고 등한시하는 역효과를 불러온다.

당신이 공부를 못하는 첫 번째 진짜 이유는 억지 공부 때문이다. 자의로 했든 타의로 했든, 지금 잡고 있는 억지 공부의 끈을 놓지 않는 한 더 이상의 공부 성과는 기대하기 어렵다. 고생은 고생대로 하면서도 정작 성과는 보장받을 수 없다. 그런 공부는 반복될수록 뇌에 과도한 스트레스를 줄 뿐만 아니라 공부의 재미를 빼앗고 공부를 더욱 힘든 것으로 만든다.

시간 때우기 공부도 이제 그만

두 번째 이유는 시간 때우기 공부 때문이다. 억지 공부는 시간 때우기 공부를 부른다. 공부하는 방법도 모르고 효율도 모르는 사람은 시간밖에 내세울 것이 없다. 그에게 공부의 성패를 좌우하는 유일한 기준은 시간이다. 공부를 어떻게 했는가보다는 얼마나 많이 했는가가 관건이다. 부모도 교사도 공범이나 마찬가지다. 언제나 질보다 양을 강조하고 중요시하기 때문이다.

"너, 어제 몇 시간 공부했어?"라고 물으면 공부는 무조건 많이 해야 하는 거라고 인식하게 된다. "이제 고등학생이 되었으니 더 늦게까지 공부해야 되는 것 아니니?"라고 묻는다면 잠을 줄여 가며 늦게까지 해야만 하는 것이 공부라고 착각한다. 모두가 영혼 없는 시간 때우기 공부를 부추기는 말들이다. 시간 때우기 공부는 다시 억지 공부로 이어지는 악순환이 계속된다. 아이들이 공부를 힘들어하고 어려워하는 것은 당연하다는 생각이 든다.

공부는 노동이 아니다

억지 공부와 시간 때우기 공부는 뇌에 대한 무지에서 비롯된 대표적인 오류다. 뇌를 안다면 뇌를 효과적으로 사용해서 힘들이지 않고 지적 호기심을 충족시키면서도 재미있는 공부를 할 수 있을 것이다. 그러나 뇌를 모르기 때문에 공부를 노동하듯 하고 있다. 이것이 공부를 못하는 세 번째 이유다. 육체노동은 어지간하면 들인 시간만큼의 결과를 낸다. 남들보다 더 열심히 일하고 더 많이 일하면서 기계를 더 오래 가동하면 생산량은 그에 비례해 증가하는 법이다.

공부는 그렇지 않다. 시간을 들이면 들일수록 더 안 되는 공부도 있다는 것을 인지해야 변화를 이끌어 낼 수 있다. 그 사실을 인정할 수 없다면 우리는 여전히 성과가 보장되지 않는 공부를 노동하듯 힘들게 해내야 한다. 물론 그 방법이 통하는 사람들도 있다. 불굴의 의지와 초인적인 노력으로 힘든 과정을 극복하고 이른바 '공신(공부의 신)'으로 등극한 사람이 아예 없는 것은 아니다. 하지만 그런 사람은 언제나 극소수였다.

그런 공부는 '되는' 사람만을 위한 공부다. 대부분의 평범한 사람에겐 안 통한다. 혹시 나도 될까 해서 다짐도 하고 계획도 세워 보고 돈 들여서 학원도 다녀 보고 과외도 해 봤다. 공부법 코칭도 받아 봤다. 약이란 약은 다 써 보았다. 하지만 남은 것은 좌절로 인한 깊은 상처뿐이었다. 이제 안 되는 방법은 과감하게 버려야 한다. 되는 방법을 찾아야 할 때다.

MAP 공부법은 이러한 문제점들을 해결하기 위해 두뇌의 특성을 기반으로 개발한 스마트 학습법이다. 이제 힘든 공부와 이별할 때가 되었다. 억지로 하는 공부로는, 시간 때우기 공부로는 공부에서 성공할 수 없다. 우리는 지금까지 뇌에게 속아 왔고 고정관념에 당해 왔다. 그 결과 공부와는 인연이 없다고 여기게 되었다. 머리가 나빠서 공부는 안 된다고 자신을 속였고 또 그렇게 속아 왔다. 이제는 편견과 맞서 싸워야 할 때다. 고정관념을 무너뜨려야 할 때가 된 것이다. MAP 공부법을 적용하면 당신도 충분히 할 수 있다.

MAP 공부법으로 공부한 사람들은 학습 생활에서 완벽한 자기 통제를 경험했다고 말한다. MAP 공부법으로 충분히 쉬면서도 더 많이 공부할 수 있었다고 한다. 공부하는 절대 시간은 줄어들었으나 시간을 효율적으로 사용한 결과 더 많은 공부를 집중해서 할 수 있었다는 것이다. 적절하게 과목을 자르고 바꾸는 과정을 통해 공부하는 것이 전혀 지루하지 않았다고 말하기도 한다.

MAP 공부법은 성적이나 올려 보겠다고 만든 싸구려 공부법이 아니다. 근본적으로 뇌의 특성을 활용해 자기통제감과 자기 효능감을 극대화하는 공부법이다. 자기주도적으로 생활과 학습으로 이끌어 나가게 만드는 공부법이다. 그 결과 행복한 뇌를 만들어서 공부가 주는 즐거움을 자기 것으로 만들도록 유도하는 공부법이다. 대부분의 경우 성적과 성과는 자연스럽게 뒤따라오는 부산물이었다. MAP 공부법을 가리켜 '뇌를 살리는 기적의 스마트 공부법'이라고 하는 이유다.

2017년 1월

저자 강재훈

1부
뇌를 죽이는 공부

부록 양식 모음

1부

뇌를 죽이는 공부

1장
억지로 하는 공부는 이제 그만

1) 강요에 의한 강제 학습

하고 싶은 일을 하는 사람이 성공할 확률은 반반이다.
그러나 하기 싫은 일을 억지로 하는 사람이 성공할 확률은 0퍼센트다.
- 마틴 베레가드

정씨(44)의 아들 김군(18)은 중학교 때까지 수재로 유명했다. 중학교 2학년 때 이미 토익은 만점을 받았고, 영문 잡지 〈내셔널지오그래픽〉과 경제 전문지 〈이코노미스트〉를 술술 읽었다. 매일 밤 정해진 시간엔 CNN을 들었다.

수학도 잘했다. 고교 과정은 벌써 한 번 훑었고, 고3 수험생도 쩔쩔매는 심화 문제까지 풀어냈다. 정씨는 자신이 짜 놓은 빼곡한 스케줄에 따라 움직이는 아들이 자랑스러웠다. 물론 주변 사람들도 그녀를 부러워했다.

그러나 고등학교에 들어간 뒤로 달라지기 시작했다. 어느 날 학원을 마치고 돌아오더니 "내가 공부하는 기계냐?" 소리치고는 공부에서 손을 놨다. 학원 대신 PC방을 찾기 시작하는 데다 집에 오면 방문을 걸어 잠갔다. ─2015년 9월 25일 자 〈매일경제〉에서

말을 물가에 끌어다 놓을 수는 있어도 물을 먹일 수는 없다고들 하는데 모르고 하는 소리다. 대한민국이 어떤 나라인가. 물? 먹인다. 지금도 계속 먹이고 있다. 억지로 강제로 먹인다. 강요에 길들여지면 알아서 먹는다. 억지로 먹으면서도 깨닫지 못한다. 사실 그게 더 큰 문제다. 학생, 부모, 교사를 막론하고 모두가 억지 공부에 노출되어 있다.

아이들은 지쳤다. 아이들이 공부하기 싫어하는 건 필연이 아닐까. 그런 아이들에게 공부하는 이유를 물어보라. "에이, 시키니까 하는 거죠." "안 하면 혼나잖아요." 하고 대답한다. 오히려 물어보는 게 이상하다는 표정들이다. 당연한 거 아니냐는 것이다.

공부를 못하는 아이들만 그렇게 생각할까? 아니다, 위 기사를 보면 알 수 있듯이 공부를 잘하는 아이들도 예외는 아니다. 흔히 말하는 '똑똑'하고 '머리' 좋아서 공부를 잘하는지 몰라도 대부분은 강요에 의한 강제 공부 때문에 힘들어한다.

그렇다면 누가, 왜 공부를 강요하는 것일까. 지금 부모와 교사 세대는 격동의 세월을 살아오는 동안 요즘 아이들 못지않게

강요에 의한 강제 학습에 길들여졌다. 공부를 잘하든 못하든 공부는 곧 강제 공부였다. 묻지도 따지지도 않았다. 공부는 으레 그렇게 하는 거였다.

통계에 따르면 20대에서 50대 성인 남녀가 인생에서 가장 후회하는 일 1위로 공부를 꼽았다고 한다. 많은 부모가 학창 시절에 열심히 공부하지 않은 걸 후회하며 자식만큼은 열심히 공부했으면 좋겠다고 생각한다. 형편만 허락한다면 더 좋은 환경, 더 큰 학원, 더 용하다고 소문난 선생님을 찾아 맹모삼천지교를 벤치마킹할 각오가 되어 있다.

경쟁 사회에서 살아남으려면 남다른 수고와 노력을 기울여야 한다고 생각하는 것은 당연한 부모 마음인지도 모른다. 자식만큼은 공부 잘하여 경쟁에서 이기고 자신보다 더 낫게 살기를 바라는 부모 마음은 다 똑같다.

하지만 부모의 간절한 기대와 다르게 억지 공부를 강요받은 아이들은 오히려 공부와 더 멀어지고 말았다. 공부 잘하라고 생활비 아껴 가며 학원도 보내고 과외도 시키고 인터넷 강의까지 열어 주었는데 공부엔 도무지 관심이 없다. 부모의 마음은 초조해지지 않을 수 없다.

환경 요인도 무시할 수 없다. 옆집 아이가 하는데 우리 아이만 방치할 순 없는 노릇이다. 답답한 마음에 급한 대로 공부 좀 한다는 아이의 엄마에게 정보를 얻기 시작한다. 우리 엄마의 담당 입시 전문가는 옆집 엄마라는 말이 나오더니 급기야 '돼지맘'이 등장하기에 이르렀다. 돼지맘은 교육열이 높아 다른 엄마들을 이끄는 엄마를 뜻하는 은어로 2014년 국립국어원이 발표한 신조어에 포함되었다.

돼지맘은 우리 교육의 슬픈 자화상이다. 아이들은 교육 주체로서 설 자리를 잃었다. 아이들은 자기 시간을 알아서 운용할 권한이 없다. 자기 스케줄이 없는 것이다. 과외 시간은 물론이고 친구 만나는 시간, 쉬는 시간, 취침 시간까지 엄마의 통제 아래 놓여 있다. <u>시키는 대로 해야만 하는 공부 기계로 전락하고 말았다.</u>

"아이들은 교육을 받는 것이 아니라 감시와 통제를 받고 있다."

과외교사로 일하다 보면 학생과 부득이하게 시간 변경을 해야할 일이 생기기 마련이다. 그럴 때마다 시간을 조정해야 하는데 학생이 아닌 엄마와 하는 경우가 많다. 아이들은 교육을 받는 것이 아니라 감시와 통제를 받고 있다는 생각을 지울 수 없다. 엄마의 감시 아래 오로지 공부에 '올인'해야 하는 운명이다.

따지고 보면 책임이 부모에게만 있는 것도 아니다. 부모도 어떻게 해야 공부를 잘하는지 배워 본 적이 없다. 학교 다닐 때 배운 공부법이라고 해야 결국 노력지상주의자가 되는 것이었다. 공부엔 왕도가 없다고 배웠다. 그 말을 신뢰할 수밖에 없었다. 그렇게 가르친 선생님들이 불타는 의지와 불굴의 노력으로 공부에 성공한 경우였기 때문이다. 그 결과 공부에 대해 부정적인 고정관념에 사로잡히고 말았다.

공부란 자신이 계획한 대로 성실하게 꾸준히 노력해서 차질 없이 실천해야만 달성할 수 있는 아주 힘들고 어려운 일이라는 고정관념. 그 뿌리는 너무도 견고해서 어지간해서는 꿈쩍도 하지 않는다. 열의를 가지고 해 보려 했지만 대부분은 처음부터 낙오자가 될 수밖에 없었다. 그런 공부가 통했던 선생님과 같은 부류의 학생들만 성공할 수 있는 방법이기 때문이다. 결국 부모들은 자신이 공부를 잘하지 못한 것은 머리 탓이고 열심히 노력하지 않았기 때문이라고 단정 지어 버렸다.

내가 뇌의 관점에서 말하고 싶은 것은 그 방법은 모두에게 통용될 수 없는, 되는 사람만 되는 매우 편협한 공부법이라는 사실이다. 지난 수십 년 동안 처음부터 되지도 않는 공부법으로 시간과 노력을 낭비하다가 낙담하고 좌절한 끝에 공부와 결별한 수많은 사람을 생각해 보라. 잘못된 고정관념이 얼마나 무서운 결과를 낳는지.

"배운 대로 생각한다."라는 말이 있다. 배운 대로 생각한다는 말은 곧 배운 대로 행동한다는 말이다. 잘 배웠으면 상관없는데 잘못 배웠다면 문제다. 잘못 배운 탓에 자녀 교육을 망치고 있다. 흔히 교육 특구, 교육 1번지라고 부르는 곳에서 일어나는 현상이다. 바로 억지 공부의 대물림 현상이다.

대치동 아이들이 자라서 돼지맘이 된다. 대치동 엄마들도 학창 시절에 배운 것이라곤 강제 학습을 통한 대학 입시 준비였다. 그런데 그게 어느 정도 먹혀들었다. 힘들었지만, 희생이 따랐지만 그들에게는 최선의 방법이었기에 억지 공부라는 생각조차 들지 않은 것이다. 억지 공부를 숙명으로 받아들이고 말았다. 대안은 없었다. 공부는 원래 그런 거라고 철석같이 믿었기에 아이에게도 억지 공부를 강요하는 것이다.

"문제는 아무리 사교육을 퍼부어 봤자 꿈쩍도 않는 아이들이다."

제아무리 강남, 대치동이라고 해도 모든 학생이 1등급을 받는 것은 아니다. 물론 다른 지역보다 비율이 높은 것은 부정할 수 없지만, 그러기 위해 아이들이 겪어야 하는 고초를 생각해 보면 마냥 좋아할 일도 아니다. 문제는 아무리 사교육을 퍼부어 봤자 꿈쩍도 않는 아이들이다. 강제 학습의 가장 큰 피해자가 아닐 수 없다.

공부 잘하는 아이들은 그 아이들 나름대로 더 잘하기 위해서, 공부는 누구보다 열심히 하지만 원하는 성적을 내지 못하는 아이들은 그림자 취급을 받으면서도 내색조차 못 한 채 고통을 감내하고 있다.

강제 학습의 절정은 과도한 선행 학습에서 나타난다. 교육 전문가와 현장 교사들은 선행 학습이 학습 효율을 떨어뜨리고 수업 집중력을 방해하여 오히려 해롭다고 주장한다. 실제로 선행 학습은 상위 10퍼센트에 드는 경우만 다소 효과가 있다는 보도가 나왔다. 그나마 과도한 선행 학습으로 인한 스트레스가 더 큰 문제라고 지적한다.

실제 교육 현장에서는 그 같은 주장이 전혀 설득력을 얻지 못할 뿐만 아니라 철저히 무시된다. 학교 수업을 따라가는 것만으로는 입시 경쟁에서 살아남을 수 없다는 불안감 때문이다. 자의든 타의든 학생, 학부모 할 것 없이 사교육 시장으로 내몰리는 것이다.

앞에서 언급한 정씨의 예를 주의 깊게 살펴볼 필요가 있다. 정씨는 "아들이 머리가 좋아서 일찌감치 선행 학습을 시켰는데 너무 일찍 시작하는 바람에 일찍 지쳐 버린 것 같다."라고 뒤늦은 후회를 했으나 사태를 돌이킬 수는 없었다. 결국 아들 김군은 학교를 자퇴하고 검정고시를 통한 대학 입시를 준비하고 있다.

2016년 3월, 〈주간동아〉 1027호에 눈여겨봐야 할 기사가 실렸다.

'부모의 정보력이 곧 아이의 성적'이라는 믿음이 공고화되며 사교육 시장은 날이 갈수록 뜨거워지고 있다. 교내 대회 입상을 위해 수백만 원짜리 과외를 받고, 하루 열두 시간 수업하는 수학 학원은 자리가 없어 못 보내는 게 우리나라 사교육의 현실이다.

서울 서초구 반포동에 사는 주부 A씨는 "큰아이(현재 중3) 때만 해도 3년 선행이 기본이었는데, 요즘은 5~6년을 앞서가는 아이들이 있다. 특히 수학은 초등학교 3, 4학년 때부터 중학교 수준을 시작해 6학년 전에 중학교 과정을 마스터하고, 좀 더 한다는 아이는 고등학교 과정까지 들어간다. 영어는 중학교 때까지 다 끝내 놓아야 고등학교 가서 진짜 중요한 과목에 집중할 수 있다. 이 모든 것이 결국 대학 입시를 위한 것인데, 요즘 아이들은 초등학교 3, 4학년 때부터 대입을 준비한다고 보면 된다."라고 말했다.

위 기사는 '사교육이 미쳤다'는 제하에 실렸다. 정말이지 '미치지 않고서야 어떻게 그럴 수가…'라는 생각이 절로 든다. 나도 이미 6~7년 전에 직접 겪은 일이다. 목동에서 수학 과외 수업을 할 때의 일이다. 형제를 가르쳤는데 둘 다 공부에 남다른 소질을 보였다. 형은 고1이지만 이과를 지망한다는 이유로 이미 2학년 과정까지 마친 상태였다. 형이야 고등학생이니 그럴 수도 있겠지만 문제는 동생이었다. 동생은 고등학생도 보기 힘들어하는 《수학의 정석 실력편》을 공부하고 있었다. 동생은 당시 초등학교 6학년이었다.

내가 할 일은 채점을 하고 틀린 문제를 풀어 주는 것이었다. 형제의 어머니는 해설집을 테이프로 봉해 놓은 뒤 문제를 풀게 했다. 수업할 때만 그 봉인이 일시 해제가 되었다. 그런데 수업을 시작하자 아이의 하소연이 이어지더니 내게 간곡한 부탁을 해 왔다. 못 풀거나 틀린 문제가 있으면 엄마한테 꾸중을 들으니 틀린 문제에 × 표시를 하기 전에 내가 풀어 준 풀이를 보고

자신이 푼 것처럼 답과 풀이를 고치면 ○ 표시를 해 달라는 것
이었다.

교육자로서 의무와 양심이 충돌하는 순간이었다. 난 어머니
에게 고용된 사람이었다. 일차적으로 어머니의 요구를 충족시
키는 것이 내가 할 일이라고 생각했다. 하지만 아이의 하소연
에 나 몰라라 할 수도 없는 노릇이었다. 아이의 요구를 받아들
인다면 결국 아이와 짜고 어머니를 기만하는 것뿐만 아니라 아
이에게도 거짓말을 가르치는 꼴이 되고 말 것이다. 당신이라면
그 상황에서 어떻게 하겠는가.

나는 아이 어머니에게 과도한 선행 때문에 아이가 힘들어한
다는 말과 함께 그에 따른 폐해를 설명했다. 예상은 했지만 그
정도쯤은 다 알고 있다는 반응을 보였다. 오히려 내가 세상 물
정을 잘 모른다고 생각하는 것 같았다. 아이들 이야기 다 들어
주고 언제 공부시키느냐는 거였다.

얼마 안 있어 문자 메시지로 과외 계약 해지를 통보받았다.
각오는 했지만 아이들을 생각하면 아직도 마음 한구석이 시려
온다. 아이의 하소연이 아직도 귓가에 생생하다. 한창 꿈을 키
우며 신나게 뛰어놀아야 할 나이. 그 아이가 앞으로 고등학교
를 졸업할 때까지 적어도 6년 동안 운명처럼 짊어져야 할 공부
의 부담을 생각해 볼 때 교육자로서 안타까울 뿐이다.

"많은 아이가 공부 때문에 마음의 병을 앓는다."

인간의 뇌는 억지로라도 쑤셔 넣으면 넣는 대로 받아들이는 무한 수용체가 아니다. 처음에는 어느 정도 받아들이지만 결국 과도한 스트레스가 여러 가지 부작용을 낳는다. 많은 아이가 공부 때문에 마음의 병을 앓는다. 학원 수가 증가하는 만큼 시험 불안 클리닉이나 집중력 향상 프로그램을 내건 정신과가 성업 중인 것만 봐도 알 수 있다.

뇌의 특성을 조금만 이해하면 그런 부작용이 생길 수밖에 없다는 것을 쉽게 알 수 있다. 하지만 부모는 아이가 보내는 신호를 무시한다. 엄살이라고 간주해 버린다. 열심히 하지 않아서 그렇다고 몰아세운다.

서초동에서 만난 학생은 중학교 때부터 최상위권을 유지하고 있었다. 중학교 때 어머니가 특목고 진학을 권유했고, 아들은 새벽 2시에 끝나는 특목고 대비 학원을 묵묵히 다녔다. 그러나 특목고 진학에 실패하고 일반 학교에 진학하면서 어머니와 갈등을 빚기 시작했다. 문제는 키였다.

고등학교 진학 후에도 줄곧 상위권을 달리던 아들이 어느 날 갑자기 공부 보이콧을 선언한 것이다. 한창 자라야 할 시기에 밤늦게까지 학원 다니느라 무리해서 키 클 시기를 놓쳤다는 것이 이유였다. 공부를 아무리 잘해도 반 친구들이 자기에게는 눈길 한번 주지 않는 반면 공부는 못해도 키 큰 친구들이 인기를 독차지하는 모습을 보며 심한 박탈감을 가진 것이다.

그 학생은 모든 책임을 어머니에게 돌렸다. 키가 자라지 않은 이유가 과도한 강제 공부 때문이라고 판단한 것이다. 어머니가 그토록 중요시하는 공부를 놓아 버리는 것이 가장 강력한 보복이자 저항이라고 생각한 것이었다.

많은 아이가 강제 학습에 불만을 가지고 있다. 불만이 쌓이고 쌓여 폭발 직전까지 갔는데도 정작 부모는 아이가 보내는 신호를 쓸데없는 엄살이나 넋두리쯤으로 대수롭지 않게 여긴다. 결국 문제가 생기고 나서야 우리 아이가 이상해졌다면서 정신과로, 클리닉으로 전전하기 시작한다.

"강제 공부, 더 이상은 안 된다."

내가 21년 동안 교육 현장에서 학생들을 만나 오며 깨달은 분명한 사실이 있다. 공부는 어떤 형태든 강제로는 안 된다는 것이다. 그 사실을 뒷받침하는 사례를 열거하자면 책 한 권으로 부족할 것이다. 부모와 교사는 공부를 강요하기에 앞서 아이들의 마음을 살펴야 한다.

교육열 높기로 이름난 지역에서조차 사교육이 먹히는 아이들은 이미 상위권에 있는 경우가 대부분이다. 정작 성적을 올려야 하는 아이들이 사교육의 효과를 봤다는 예는 찾아보기 힘들다. 내막을 들여다보면 이 학원에서 저 학원으로 마치 유랑하듯 학원가를 전전하는 것뿐이다.

언제나 비극은 부모에게서 시작된다. 내 아이만큼은 예외라고 생각한다. 머리는 좋은데 열심히 하지 않아서 성적이 나쁜 것이니, 열심히 하게끔 만들어 주겠다는 것이다. 방과 후에는 학원으로, 학원이 끝나면 다시 과외로 진짜 열심히 하는 게 어떤 것인지 보여 주려는 듯하다.

아이는 부모 뜻대로 되지 않는다. 아이의 뇌가 부모 뜻대로 되지 않는다는 말이다. 뜻대로 되지 않는 아이를 바라보는 부모 마음은 충분히 이해하지만 그 순간 가장 힘들어하는 사람이 바로 아이라는 걸 잊으면 안 된다. 부모의 기대만큼 공부 잘하고 싶지 않은 아이가 세상천지에 어디 있겠는가.

다음 기사를 보면 끝까지 억지 공부를 강요하는 것은 신념을 넘어 집착이라는 생각이 든다.

유치원생이 '멘탈 관리' 받는 대치동

"멘탈 관리가 선행돼야 장기 마라톤을 잘 치러 낼 수 있어요."

10여 년째 대치동에 사는 안정민 씨(38)는 최근 유치원생 아들을 명상 학원에 보냈다. 대치동에서는 '국영수 시작하기 전에 멘탈 관리부터 들어가야 한다'는 것이 중론이기 때문이다. 초·중·고로 이어지는 12년 이상의 장기 마라톤에서 아이가 중도에 낙오하지 않도록 강인한 정신력과 체력을 미리 길러 줘야 한다는 것이다.

안씨는 "초등학교 입학부터 본격 시작되는 입시 스트레스를 이겨 내기 위한 예방주사인 셈"이라며 "내 아들이 훗날 사춘기가 찾아와도 잘 참고 공부하기 바란다."라고 말했다.

최근 대치동 학원가에서 '멘탈 관리 학원'이 성업 중이다. 성인이나 다닐 법한 '심신 안정 학원' '명상 학원' '요가 학원' 등에 대여섯 살짜리 아이를 기르는 대치맘들의 수강 문의가 끊이지 않는 것.

〈매일경제〉 취재 결과 대치동 학원가에 이런 학원만 열 곳이 넘었다.

대치동의 한 심신 안정 학원은 '선진국형 심신 발달 센터'를 자임하며 미취학 아동의 멘탈 관리를 지도하고 있다. '내면을 통제하는 능력과 자신감을 키워 입시 장기전에 대비한다'는 것이 이 학원의 목표다. 인근의 명상 학원도 최근 어린이반을 신설했다. 이 학원 관계자는 "아이에게 마음을 비우고 오래 집중하는 법을 가르치고 싶어 하는 젊은 부모가 늘고 있다."라고 전했다.

곽금주 서울대 심리학과 교수는 "어린아이를 대상으로 멘탈 관리 학원이 성업 중이라는 건 아이들의 학업 스트레스가 그만큼 크다는 방증"이라며 "아이들에게 지나친 사교육으로 스트레스를 주면서 다른 한편으로 심리 안정을 위해 관련 학원에 보내는 건 오히려 아이의 스트레스를 가중시킬 수 있다."라고 우려했다. —2015년 9월 25일 자 〈매일경제〉에서

억지 공부 때문에 아이들의 마음이 멍들고 있다. 아이들이 영혼 없는 공부에 지쳐 가고, 그 결과 공부는 대학 입시를 끝냄과 동시에 무덤으로 들어가 버린다. 공부는 홍역이고 통과의례가 되었다. 백과사전을 찾아보면 대학이란 '다양한 학문 분야를 연

구하고 지도자로서 자질을 함양하는 고등 교육 기관'이라고 되어 있다. 하지만 그것도 옛말이다. 대학생들이 하는 공부는 여전히 시험공부다. 학점을 위한 공부, 취업을 위한 공부, 스펙을 위한 공부가 전부다.

억지 공부의 폐해는 시간이 흐를수록 더욱 선명해진다. 이주호 KDI국제정책대학원 교수는 경제협력개발기구(OECD) 21개 국가를 대상으로 2011~2012년 실시한 '국제 성인 역량 조사(PIAAC)' 자료와 2012년 치른 '국제 학업성취도 평가(PISA)' 자료를 활용한 연구 결과를 발표했다. 요지는 대한민국 중고등학생의 학업성취도는 세계 최고 수준이지만, 대학생이 된 만 20세 이후 서서히 역량이 떨어져 35세부터는 OECD 평균 이하가 되고, 55세 이후엔 밑바닥 수준으로 떨어진다는 것이다(2016년 2월 18일 자 〈조선일보〉).

기사 내용을 요약하면 고등학생에 해당하는 17~19세 한국인의 PIAAC 성적은 매우 높으나 대학 입학 이후인 20세부터 순위가 급격히 떨어져 10위권에 있다가, 35~44세에 OECD 평균보다 떨어지고, 55세 이상에서는 조사 대상 21개 OECD 국가 중 20위에 머물렀다. 40년을 거치며 한국인의 학습 역량이 세계 1위에서 OECD 최하위권으로 추락한 것이다.

연구진이 지적한 두 가지 요인 중 첫 번째는 초중고 시절의 암기 위주 주입식 교육이 나이가 들수록 학업 동기를 떨어뜨려 학습 의지를 감소시킨다는 것이다. 두 번째는 한국 대학 교육의 질이 국제 수준에서 떨어지기 때문이라고 밝혔다. 최근 공과 대학생들이 노량진 '공대 학원'에서 사교육을 받는다는 기사가 나왔다. 대학 교육의 질이 떨어지는 데다 그나마 수업도 이론 중심에 머물 뿐 현실을 반영하지 못하기 때문이라고 한다.

취업 후에는 더 큰 문제가 발생하는데, 새로운 것을 배우려는 학습 의지와 직장 내 학습 지표 모두 한국은 비교 국가 중 최하위였다. 이주호 교수는 "초중등학교의 주입식 교육, 대학 교육의 질 하락, 취업 후 역량 축적이 안 되는 시스템에서 한국인의 역량이 나이가 들수록 떨어지고 있다."면서 "이 추세가 계속되면 사회적으로 성장이 저하될 수 있다."라고 말했다.

"목표가 대학 입학이기에 대학 진학 후에는 더 이상 공부하지 않는다."

억지 공부의 폐해다. 이미 예견된 일이었다. 문제다 문제다 하면서 어느 누구도 책임지고 나서는 사람이 없었기 때문이다. 이제부터는 바뀌어야 하지 않을까? 고1 때 세계 1위의 영예 뒤에는 사교육의 어두운 그림자가 도사리고 있다. 많은 학생이 정당하게 누려야 하는 행복과 삶의 질을 담보로 이룬 것이다. 슬픈 일등이다. 무늬만 일등이다. 곧 무너져 버릴 사상누각(沙上樓閣)일 뿐이다. 공부는 대학 입시, 딱 거기까지였다. 목표가 대학 입학이기에 대학 진학 후에는 더 이상 공부하지 않는다.

명문대에 진학한 학생들조차도 입시 준비 때나 통했음직한 강제 공부의 연장선상에서 오로지 학점만을 위한 공부 기계가 되어 버렸다. 서울의 명문대 공대 2학년에 재학 중인 김군(21)은 "중고등학교 때 공부하느라 너무 지쳐서 대학에 들어가자 더 이상 공부하고 싶다는 생각이 들지 않았다."라고 한다. 당연한 결과 아니겠는가.

나는 대학 진학을 준비하는 학생들에게 대학은 기회의 땅이자 진정한 학문이 이루어지는 곳이라고, 반드시 대학 진학에 성공하기를 바란다고 말해 준다. 고등학교의 성적이 대학의 성적과 일치하는 것은 아니기 때문이다.

그런데 요즘 캠퍼스의 풍경은 큰 실망을 안겨 준다. 어제오늘의 이야기는 아니다. 최고의 지성이 모였다는 대학에서, 그것도 모두가 선망하는 최고의 명문 대학에서조차 깊이 있는 진지한 학문 연구는 사라지고 교수의 출제 경향에 맞는 학점 따기 족집게 공부나 하는 모습을 보면 씁쓸할 뿐이다.

대학 시험조차 생각을 묻는 것이 아니라 지식을, 그것도 담당 교수의 지식과 생각을 묻는 시험으로 전락했다. 학생들은 더 좋은 아이디어가 떠올라도 무시하고 교수의 생각과 일치하는 답, 교수가 인정하는 내용, 수업 시간에 강조한 것을 답안지에 옮긴다고 한다. 학점을 위해 자신의 생각을 '과감히' 포기하는 것이다. 이름 없는 지방대 이야기라고 생각하는가? 한국을 대표하는 최고 대학 학생들의 인터뷰에서 나온 말이다. 궁금하면 〈EBS 다큐프라임〉〈서울대 A+의 조건〉 편을 보라.

그래서일까, 요즘 대학생들은 실력이 없다고들 한다. 원래 대학 생활이란 자기 주도 학습 능력에 따라 좌우되는 게 아닌가. **공부를 못해서가 아니다. 공부 능력이 없다. 억지 공부를 하느라 정작 필요한 공부 능력은 등한시할 수밖에 없었다. 쓸데없는 공부를 하느라 진짜 공부를 할 시간이 없다는 말이다.** 오죽했으면 대학생이 되어서도 대학원생에게 전공 과외를 받겠는가. 도대체 언제까지 과외에 의존할 것인가. 그러다 연애 과외, 결혼 과외, 자녀 양육 과외가 성행할 날이 오는 것은 아닌지 모르겠다.

공부 능력만 떨어지는 것이 아니다. 책도 읽지 않는다. 2016년 9월 21일 자 〈연합뉴스〉 기사를 보면 대학 도서관의 분위기는 크게 두 갈래로 나뉜다고 한다. 뜨거운 열기가 느껴지는 공부 열람실과 썰렁한 대여 열람실. 시험공부를 위해서 시험 기간에만 도서관을 이용하는 학생이나 학업을 위해 전공 서적 정도만 펼쳐 본다는 학생은 많지만 '독서'를 위해 도서관을 찾는 대학생을 만나기란 쉽지 않다는 것이다.

한국교육학술정보원이 발표한 자료에 따르면 전국 4년제 대학, 전문대학 등 대학 도서관 409곳 평균 대출 도서 기준 대학생 1인당 대출 도서 수는 5년 연속 감소하고 있다. 대부분의 대학생이 한 달에 한 권도 읽지 않는다. 더 충격적인 사실은 전체 재학생 202만 명 가운데 42퍼센트는 1년 내내 책을 한 권도 빌리지 않은 것으로 밝혀졌다.

대학생들도 할 말은 있다. 취업 준비 때문에 책 읽을 마음의 여유마저 빼앗기고 말았다는 것이다. 학점 관리, 스펙 쌓기에 공무원 시험 준비까지, 한마디로 시간이 부족하다고 한다. 실제로 시간이 없는 것처럼 보이기도 한다. 그러나 대학생의 하루 평균 인터넷 사용 시간은 142.7분으로 책 읽는 시간(43.4분)의 세 배에 달한다. 그들이 책을 읽지 않는 것은 시간이 없어서가 아니라 책 읽는 습관이 형성되지 못했기 때문이다. 입시 위주의 억지 공부에서 독서는 장애물이었다. 한가하게 책이나 들여다볼 시간이 없었다. 그 시간에 영어 단어 몇 개라도 더 외워야 했고 수학 문제 한두 개라도 더 풀어야 했기 때문이다.

청년실업률은 하늘 높은 줄 모르고 치솟는다. 기업은 경력직만 뽑는다. 직장인 세 명 중 한 명은 스카우트 제의를 받은 경험이 있다고 한다. 지금의 대학 현실이 청년층 취업난과 전혀 무관하지 않다고 본다. 회사는 실력 있는 인재를 원한다. 신입사원 뽑아서 공들여 교육시켜 놨다가 스카우트로 잃느니 차라리 경력직을 뽑겠다는 심산이다.

운 좋게 직장에 들어간다고 해도 공부는 더 이상 하지 않는다. 공부는 고사하고 자기 계발과 무관한 삶을 산다. 그렇다고 시간을 잘 보내는 것도 아니다. 시간이 있어도 놀 줄을 모른다. 가족들과 시간을 보내는 것도 아니다. 아버지가 아이들과 놀아주는 시간은 하루 3분. OECD 회원국 가운데 최하위다.

억지 공부를 하느라 쉬는 법, 노는 법도 제대로 배우지 못했다. 책도 읽지 않는다. 한국인은 책도 읽지 않으면서 노벨 문학

상만 바란다는 외국 언론의 낯 뜨거운 지적이 새삼스럽지도 않다. 반면 1인당 술 소비량, 청소년 흡연율, 음란물 접속률 등 불명예스러운 부문은 언제나 상위권에 이름을 올린다.

"우리에게 교육이 있기나 했을까?"

과연 우리에게 교육이란 무엇인가. 우리에게 교육이 있기나 했을까. 우리는 교육을 시킨 것이 아니었다. 단지 공부만 시킨 것이다. 공부가 교육의 전부라는 인식부터 하루빨리 개선해야 한다. 억지 공부는 공부가 아니라는 생각의 전환이 시급하다. 정확한 진단과 올바른 처방을 내려야 한다. 우리 교육이 가지고 있는 고질에 대한 근본 치료가 절실하다.

열쇠는 뇌가 쥐고 있다. 뇌를 알아야 한다. 더 이상 뇌를 외면해서는 이 악순환의 고리를 끊을 수 없다. 강제 학습이야말로 뇌를 고사시키는 주범이다. 어쩌다 잠깐 생긴 공부 욕구마저 그대로 짓눌러 버려서 더 이상 공부하겠다는 의지가 생기지 않도록 만드는 것이 강제 학습이다.

아픈 사람에게 가장 필요한 것은 정확한 진단이다. MAP 공부법은 정확한 진단을 통해 아픈 곳을 찾아낸다. MAP 공부법은 뇌를 살리는 확실한 처방이자 치료법이다. 문제는 실천이다. 뇌를 살리는 처방전을 쥐고서도 실천으로 옮기지 않는다면 소용이 없다. 또한 환자가 병마에서 벗어나려는 의지가 없다면 백약이 무효한 것처럼 처방을 신뢰하지 않는다면 효과는 기대하기 어려울 것이다.

MAP 공부법은 단순한 이론서가 아닌 실천용 공부 매뉴얼이다. MAP 공부법은 시험을 준비하는 모든 수험생을 위한 것이다. 대학 입시의 경우 대학 진학 후에 더욱 빛을 발하는 공부법이다. <u>MAP 공부법은 입시를 넘어 재학생은 물론 예체능계 학생부터 대학생, 직장인에 이르기까지 모두에게 유용한 시간 관리 도구이자 자아 성찰 도구다.</u>

MAP 공부법을 익힌 학생들은 억지 공부에서 벗어나 비로소 자기 주도 학습을 할 수 있다고 말한다. 시간의 노예에서 해방되었다고 서슴없이 이야기한다. 공부의 의미를 찾아 입시 슬럼프 없이 효율성 있게 공부한다고 입을 모은다. '균형 잡힌 삶을 통한 행복한 입시'를 표방하는 MAP 공부법의 궁극의 가치와 목표가 실현되고 있는 것이다.

2) 자발적인 억지 공부

흔히 억지 공부 하면 감시와 통제가 있는 공부를 떠올린다. 마음에도 없는 학습지를 강제로 풀어야 하고, 가기 싫은 학원도 억지로 가는 거라고 생각하기 쉽다. 그런데 그런 것만 억지 공부가 아니다. 대부분의 학생이 억지 공부를 하면서도 그 사실을 알지 못한다. 그렇기 때문에 힘들게 공부하면서도 공부는 원래 그런 것인 양 당연하게 받아들인다.

　점수 때문에, 대학에 들어가려고, 취직을 위해, 승진을 위해서 하는 모든 공부가 억지 공부다. 목표를 이루기 위해 하기 싫어도 해야 한다는 점에서는 강제 학습과 다르지 않다. 강제 학습은 외부 압력에 의해 강제적으로 이루어지는 반면, 억지 공부는 내적인 강압에 의해 자발적으로 이루어진다는 점이 다를 뿐 뇌에 전달되는 부담과 뇌가 느끼는 스트레스의 정도는 같다. 그 결과 공부는 하지만 공부에 큰 흥미를 느낄 수 없는 것이다.

　억지 공부라도 해야 시험 볼 것 아니냐고 반문할지도 모르겠다. 그 절박한 심정을 누구보다 잘 알고, 또 이해하기에 MAP 공부법을 개발할 수 있었다. 그 좋다는 공부법, 6등급이 1등급이 되었다느니, 기적이 일어났다느니, 안 될 줄 알았는데 되었다느니 하는 사이트, 책, 카페에 나온 대로 다 따라 해 봤지만 왠지 나만 안 되는 것 같은 그 절망감을 겪어 보지 않으면 절대 알 수 없을 것이다.

　우리는 어쩌다 억지 공부로 내몰린 것일까. 어쩌다 이처럼 세뇌되다시피 한 것일까? 두뇌과학이 발달하기 전에는 뇌에 대해 다양한 가설이 있었다. 억지 공부의 기원을 찾다 보면 19세기 빅토리아 시대로 거슬러 올라간다. 당시에는 뇌를 기억을 담는 그릇으로 생각했다. 지식을 기억에 넣기 위해서 의지와 노력을 강조했고, 필요하다면 강압적이고 기계적인 암기도 마다하지 않았다.

'공부는 왕도가 없다'라는 말은 사실 유클리드가 기하학은 왕도가 없다고 한 말이 변용된 것인데 19세기 와서 전성기를 맞았다고 할 수 있다. 그릇에 밀어 넣기만 하면 될 것을 무슨 왕도가 필요하겠는가. 억지로라도 꾸역꾸역 밀어 넣으면 되는 것이었다. 뇌가 느끼는 스트레스 따위는 고려 대상이 아니었다. 힘들다는 것은 핑계에 지나지 않았다. 열심 그 자체가 미덕이었다. 말 그대로 무식하게 밀고 나가면 되는 것이었다. 내가 7수를 하는 동안 그랬던 것처럼.

왕도 따위가 필요하지 않은 방법으로 공부에 성공한 '대단한' 사람들이 교육을 주도해 왔다. 영국의 부흥과 더불어 이 교육 이론은 전 세계에 영향을 미쳤다. 공부는 왕도가 없으니까 공부를 잘하려면 불굴의 의지와 정신력으로 버티고 앉아서 억지로라도 해내는 수밖에 없었다. 여기서 밀리면 경쟁에 뒤처질 수밖에 없었다. 노력지상주의 시대가 열렸다. 노력지상주의자들에 의해 21세기에 이르러서도 공부는 왕도가 없다는 생각이 뼛속까지 파고든 것이다.

성실하고 끈기 있게 인내하며 목표를 이루고자 노력하는 모습은 아름답기까지 하다. 꿈을 이루기 위해 절제하며 이성적으로 완벽하게 통제하는 사람이야말로 모든 이의 존경을 받아 마땅하다. 하지만 공부와 관련해 뇌를 사용하는 데 있어서는 그러한 자세가 걸림돌로 작용하기도 한다는 것을 알아야 한다. 공부 의욕은 있으나 어려움 때문에 번번이 실패하는 경우 더욱 그렇다.

노력지상주의자들에게 쉬운 공부는 그 노력에 대한 모독이다. 그들의 노력을 무가치하게 만드는 불경스런 시도다. 그들은 '노력 빼면 시체'다. 그러나 공부는 노력만으로 되는 것이 아님을 알아야 한다. 강제로 시킨다고 되는 것도 아니다. 그 사실을 아는 것이 공부의 시작이다. 뇌가 움직이지 않으면 모든 노력이 허사다. 뇌를 움직이게 만드는 모든 방법을 찾아내야 하는 것이다.

공부는 뇌가 한다고 누차 말해 왔다. 나 또한 노력지상주의자였다. 하지만 뇌를 알고 나자 이전에 내가 해 온 공부는 뇌를 죽이는 공부였다는 사실과 나뿐만 아니라 공부 때문에 힘들어하는 대부분의 학생이 자신에게 맞지 않는 공부를 하느라 시간과 노력만 낭비하고 있다는 사실을 절감했다. 뇌를 만족시키고 뇌를 살리는 공부만이 살길이라는 걸 뼈저리게 깨달은 것이다.

시대가 바뀌었다. 예전처럼 가정도 포기하고 회사에 매달리는 일벌레는 경쟁력을 잃어 가고 있다. 어느 회사나 네 부류가 있기 마련이다. 첫 번째는 열심히 일하고 성과도 좋은 사람, 두 번째는 일은 열심히 하는 것 같지 않은데 성과가 좋은 사람, 세 번째는 일은 열심히 하는데 성과가 전혀 안 나는 사람, 네 번째는 일도 열심히 하지 않고 성과도 좋지 않은 사람이다. 이 넷 중에 누가 구조조정 1순위라고 생각하는가.

단순하게 생각하면 네 번째가 답일 것 같지만 답은 세 번째다. 일을 열심히 안 해서 성과가 안 나는 사람은 동기 부여가 되면 열심히 일해서 성과를 낼지도 모르기 때문이다. 그러나 열심히 일하는데 성과가 없는 것은 명백한 무능력이다. 엄밀히 말하면 회사에 기여도 못 하면서 회삿돈이나 축내는 셈이기 때문이다.

북유럽 최고의 젊은 기업가인 마틴 베레가드는 저서《죽어라 일만 하는 사람은 절대 모르는 스마트한 성공들》을 통해 행복한 삶을 영위하면서도 단시간에 세계 최고 기업가로 성장한 사람들의 56가지 전략을 소개하며 노력지상주의자들에게 경종을 울리고 있다.

그는 책에 소개된 사람들이 시간을 효율적으로 쓰는 방법을 알고 있었다고 말한다. 그들은 진심으로 좋아하는 사람과 함께 일하며, 재미있는 일을 찾아다니기보다는 재미있게 일하는 방법을 고민하는 사람들이었다는 것이다. 일에 인생을 바치기보다 가족과 자신에게 충분한 시간을 할애했던 그들은 노력지상주의자가 아니었다.

또한 마틴 베레가드는 17년이나 스티브 잡스와 함께 하며 애플의 광고와 마케팅을 이끈 켄 시걸의 《미친 듯이 심플》을 인용하면서, '많은 기업이 단순함을 따르지 않는 이유는 똑똑하게 보이려는 사람들의 노력이 오히려 일을 복잡하게 만들기 때문'이라고 일갈했다.

마틴 베레가드의 주장을 한마디로 요약한다면 균형 잡힌 삶이 주는 위대한 능력이다. 그는 "균형은 성공한 뒤에나 맞추는 부가 요소가 아니라 원하는 삶을 위해 가장 먼저 추구해야 하는 전제 조건이기 때문에, 고통과 희생을 동반한 노력만으로는 꿈을 이룰 수 없다."라고 강변한다.

내가 학생들에게 행복한 공부, 행복한 입시를 강조하는 이유도 마찬가지다. 뇌가 지치지 않으면서 지속적으로 효율적인 능력을 발휘하는 비결은 바로 거기에 숨어 있다. 그것이 뇌를 살리는 공부법이다. 우리 사회가 올지 안 올지도 모르는 불확실한 미래의 행복을 위해 현재의 행복을 저당 잡힌 결과 행복은 영원한 미래의 것이 되고 말았다. 공부 때문에 모든 걸 포기하고 희생하는 것은 옳지 않다. 그것이 바로 뇌를 죽이는 공부다.

그것이 강제된 거라면 더 큰 문제다. 공부 때문에 기본적인 행복 추구마저 유예된다면 결국 공부 욕구까지 소멸되리라는 것은 자명하다. 확인하고 싶다면 거리로 나가 보라. 우리가 매일 마주하는 학생들의 표정에서 이 사실을 쉽게 알 수 있다. 지치고 죽어 버린 뇌를 담고 있는 표정 말이다.

10년 전 앨빈 토플러는 한국의 교육을 신랄하게 꼬집었다. "한국에서 가장 이해할 수 없는 건 교육이 정반대로 가고 있다는 것이다. 한국 학생들은 하루 열 시간 넘게 학교와 학원에서 자신들이 살아갈 미래에 필요하지 않은 지식을 배우기 위해, 그리고 존재하지도 않는 직업을 위해 아까운 세월을 허비하고 있다."

사실 앨빈 토플러가 말해서 알게 된 새로운 사실도 아니다. 기분 나쁘고 자존심 상하는 말이지만 어느 누구도 부인할 수 없는 엄연한 우리의 현실이다. 그 뒤로 10년이 지난 우리의 모습은 어떠한가. 심해졌으면 심해졌지 전혀 달라지거나 나아지지 않았다. 과연 앞으로 10년이면 이 문제가 해결될 수 있을까.

"2030년까지 전 세계에서 20억 개의 일자리가 사라질 것이다."

구글이 선정한 세계 최고의 미래학자 토머스 프레이는 "2030년까지 전 세계에서 20억 개의 일자리가 사라질 것이다."라고 말했다. 옥스퍼드대학의 칼 프레이 교수와 마이클 오스본 교수

도 20년 내에 미국의 일자리 절반가량이 사라질 것이라고 전망
했다.

사라지는 직업 중 하나가 펀드매니저였는데 현재 미국 월 스
트리트 펀드매니저의 70퍼센트가 컴퓨터 프로그램으로 대체
되었다고 한다. 실제로 국내 금융권도 증권사에서 시작된 구조
조정의 영향을 받아 2014년 한 해만 4만 5,000명 정도가 일자
리를 잃었다.

자율주행차의 상용화가 핫 이슈로 떠오른 지 오래다. 자율주
행차가 20년 내에 완전히 상용화되면 버스나 택시 운전기사들은
설 자리를 잃게 될 것이라고 한다. 자율 주행 시스템은 교통사고
발생 수를 99퍼센트 이상 줄일 수 있을 것이고, 그렇게 되면 자
동차 보험 관련 종사자들 또한 같은 운명에 처해질 것이다.

자동차 제조 공정에서처럼 이미 많은 분야에서 사람과 로봇,
컴퓨터 프로그램이 공존하고 있으며 시간이 갈수록 사람의 입
지는 점점 좁아질 전망이다. 우리가 현재 잘나가는 직업으로
여기는 약사, 변호사, 교사 등도 20년 내에 사라질 대표적인 직
업으로 꼽힌다.

"지금의 교육 시스템은 100년 전에나 필요했던 시스템이다."

이런 변화에 대처하기 위해 독일, 영국 등 세계 여러 나라에
서 교육 개편을 시도하고 있다고 한다. 창의력과 컴퓨터 프로

그래밍 같은 미래 지향적인 교육 과정을 초등학교에서부터 시행하고 있으며 많은 경영 전문가도 "지금의 교육 시스템은 100년 전에나 필요했던 시스템이다."라며 교육 개혁의 필요성을 주장하고 있다.

사정이 이러한데 한국만 낭비성 공부를 억지로 시키고 있다. 미래가 없는 교육은 교육이 아니다. 언제까지 '닥공(닥치고 공부)'을 일삼으며 오로지 명문대 입학만을 인생의 목표로 삼아야 한단 말인가. 지금처럼 무조건적인 노력이 요구되고 강요와 강압에 의한 억지 공부가 지속되는 한 우리 교육에서 미래를 예견하는 안목 있는 인재를 양성하는 일은 기대하기 어렵다. 그 결과 우리의 미래는 한없이 어둡고 불투명해질 수밖에 없다.

멀리서 찾을 것도 없이 나 자신이 '닥공'의 화신이었다. 나는 재수, 삼수도 모자라 7수까지 했다. 잠자는 시간 세 시간 반에 인간의 기본 활동을 위한 두 시간을 제외한 모든 시간을 공부에 바쳤다. 외형상 열심히 한 것만 따지면 대한민국 1등이었다. 하지만 그때는 알지 못했다. 그저 억지 공부였을 뿐이라는 사실을.

나는 경희대 한의대를 목표로 재수를 시작했다. 공부와 전혀 상관없는 고교 3년간의 잃어버린 시간을 만회하고자 말 그대로 '열심'을 최고의 목표로 잡았다. 그리고 후회하지 않는 재수 생활을 위해 열심히 달렸다.

재수를 시작하면서 '한번' 열심히 해 보리라 다짐했다. 그런데 내가 생각할 수 있는 최상의 열심은 잠을 줄여서 모든 시간을 공부에 바치는 것뿐이었다. 4당5락(네 시간 자면 합격, 다섯 시간 자면 불합격)이라고들 했다. 나는 3당4락의 정신으로 오로지 공부에 전념했다. 효율은 사치였다. 해야 할 공부는 넘쳐났고 제한된 시간은 너무 부족해 보였기 때문이다. 그런데 막상 부딪쳐 보니 '한번'에 끝낼 문제가 아니었다. 서울올림픽 때문에 전국이 들떠 있던 1988년 어느 날의 내 일과를 소개해 본다.

"새벽에 눈을 뜬다. 4시 30분이다. 씻고 아침을 먹은 뒤 도시락 두 개를 들고 첫차에 오르면 5시다. 학원에 도착하면 5시 30분, 수위 아저씨가 문을 열어 주신다. 오늘도 등원 1등이다. 적막한 강의실에서 공부하다 10분간 엎드려 잔다. 자판기 커피한 잔을 마시고 자리에 앉으면 5시 50분이다. 6시에 시작하는 새벽 강의를 듣기 위해 학생들이 몰려들기 시작한다. 이후 90분짜리 수업 두 개를 더 듣고 나면 11시 30분. 점심시간이다. 식사 후 자습실에서 12시부터 6시 30분까지 '열심히' 공부한다. 6시 30분에 두 번째 도시락으로 저녁 식사를 하고 7시부터 다시 90분 수업 두 개를 듣는다. 마치는 시간은 10시 30분. 집에 돌아오면 11시 50분경. 씻고 다시 책상 앞에 앉아 공부하다 보면 어느덧 밤 1시. 기절하듯 쓰러진다."

수업 시간 7시간 30분, 자습 시간 9시간 30분, 수면 시간 3시간 30분, 이동 시간 1시간 30분, 식사 등 기타 활동에 2시간이 소요되었다. 수업 다섯 개 중 두 개가, 자습 시간 9시간 30분

중 6시간이 수학을 위한 시간이었다. 수학에만 9시간을 쓴 셈이다.

이 정도면 열심히 했다는 소리를 들을 만하지 않은가? 그런데 중요한 사실은 이토록 열심히 했으나 결국 목표 달성에 실패했다는 것이다. 열심히 해도 안 될 수 있다는 사실을 뼈저리게 느꼈다. 그 뒤로 10여 년이 지나서야 내가 고수한 그 방법은 '되는 사람만 되는 방법'이라는 것을 깨달았다.

그것이 나에게도 통하는 방법이었다면 7수까지 할 필요도 없었을 것이다. 열심 자체에 목매는 동안 시야가 너무나 좁아져서 나를 돌아볼 시간조차 내기 힘들었다. 조금의 여유도 허락할 수 없었다. 오로지 전진 또 전진이었다. 나는 전진해 나간다고 대단한 착각을 했던 것이다. 열심의 늪에 빠져 헤어 나오지 못한 채 허우적대고 있었을 뿐이다.

공부는 머리로 하는 것이다. 그런데 아직도 엉덩이로 한다고 억지 주장을 하는 사람들이 있다. 나름의 논리는 이해할 만하지만 엉덩이 공부는 결국 억지 공부를 불러들인다. 나에게 필요한 것은 변화였다.

안타깝게도 그 변화의 필요성을 일깨워 주는 곳은 없었다. 방법을 알려 주는 사람 역시 없었다. 설령 누가 조언한다 한들 이미 열심의 늪에 빠져 버린 나를 생각해 볼 때 오히려 더 열심히 해야겠다고 다짐했을 가능성이 높다. 장수 생활은 피할 수 없는 운명이었다.

3) 공부? 열심히 하지 마라

자발적 억지 공부의 가장 큰 폐해는 시간 때우기 식 자기 만족 학습으로 변질될 확률이 매우 높다는 것이다. 학생들이 이런 억지 공부로 내몰리는 데는 반드시 짚고 넘어가야 할 몇 가지 이유가 있다.

'열심'에 대한 오해

첫 번째 이유는 열심에 대한 맹신이다. 누구나 열심히 하면 목표를 이룰 수 있다고 믿는 것이다. 결과가 나쁘면 자신이 열심히 하지 않았다고 자책한다. 과연 그럴까?

무조건적인 열심은 문제 해결을 위한 해법이 될 수 없다. 그런 열심은 억지 공부의 또 다른 이름이다. 내가 코칭 학원에 새로 등록한 학생들을 상대로 오리엔테이션을 진행할 때면 반드시 던지는 질문이 있다.

문 : "여러분, 열심히 공부하기 위해 왔습니까?"

답 : "네, 그렇습니다."

문 : "그렇다면 도대체 어떻게 하는 것이 열심히 하는 것이지요?

답 : "……."

문 : "열심히 하려고 오셨다면서요…. 그럼 지금 열심히 하고 있지 않습니까?"

답 : "……."

당신은 어떻게 생각하는가? 열심히 하고 있는가? 열심히 한다면 그렇게 말할 수 있는 근거는 무엇인가? 아니라면 그건 또 무슨 이유인가? 쉽게 답할 수 있는 간단한 문제가 아니다. 간혹 대답하는 학생도 있지만 그마저도 추상적이거나 판에 박은 듯 교과서 같은 답변으로 일관할 뿐이다.

인간은 시간의 흐름을 감지할 수 없다. 세상 어느 누구도 시간의 흐름을 느끼며 사는 사람은 없다. 시간의 흐름을 느끼고 싶을 땐 시계를 보면 된다. 하지만 하루 종일 아무것도 안 하면서 시계만 주시할 수도 없는 노릇이다.

축복인지 저주인지는 모르겠지만, 인간은 시간이 정지된 것처럼 인식하며 살아간다. 알람 소리에 놀라거나 거울에 비친 내 모습에서 흰머리를 발견했을 때 그때서야 시간이 흘렀음을 깨닫는다.

'벌써 5시네?' '아직 7시구나!' '내가 벌써 이렇게 늙었나?' 하고 확인하는 시점에서야 시간의 흐름을 인식할 수밖에 없는 것이 인간의 한계다. '시간 가는 줄 모르고 집중했다'라는 말은 그런 의미에서 꽤나 과학적이고 정확한 표현이다. 어차피 인간은 태어날 때부터 시간 가는 줄도 모르고 살다가 예기치 않은 때 생을 마감하는 존재다.

열심도 마찬가지다. 인간이 시간의 울타리에 갇혀 살면서도 시간의 흐름을 알아차리지 못하는 것처럼, 열심히 공부하겠다고 다짐하며 열심히 공부하려 해도 자신이 얼마나 열심히 하는지 인식할 수 없는 것이다. 결국 열심히 했느냐 못 했느냐는 시계를 보고 나서야 시간을 인식하는 것처럼 결과를 보고 판단할 수밖에 없다.

대부분의 학생은 7수까지 하던 '장수만세' 시절에 내가 그랬던 것처럼 열심히 한다는 말의 의미를 정확히 알지 못한다. 우리는 친구가 밤늦게까지 공부했다고 하면 열심히 하는구나 생각한다. 공부한다고 가족 행사에도 불참하고 친구 모임에도 나오지 않는다면 열심히 하고 있다고 여기는 것이다.

"열심은 고통 또는 희생과 결부되어 있다."

이처럼 사람들이 생각하는 열심은 고통 또는 희생과 결부되어 있다. 얼마나 열심히 했느냐는 얼마나 힘들게 했느냐와 같은 말이다. 같은 논리로 힘들지 않았다면 열심히 한 게 아닌 셈이 된다. 이처럼 우리는 열심에 대해 오해하고 있으며, 이는 억지 공부를 조장하는 근본 원인이 된다.

"대한민국 학생들은 열심의 늪에 빠져 버렸다."

대한민국 학생들은 열심의 늪에 빠져 버렸다. 열심을 내는 것이 결코 나쁜 일은 아니다. 목적을 달성하기 위해 모든 권리를 내려놓고 뜨거운 열정과 피나는 노력으로 열심을 다해야 할 때도 있다. 하지만 열심 자체가 목적이 되는 순간 기본과 원칙은 무시되고 만다. 원칙 없는 맹목적인 열심은 형식적인 비효율을 낳고 만다. 열심에 대한 맹신은 열심히만 하면 모든 것을 이룰 수 있다는 망상에 빠뜨릴 뿐만 아니라 열심히 했는데도 실패하면 열심히 하지 않았기 때문이라고 잘못 판단함으로써 다시 열심의 늪에 빠뜨린다.

공부의 원칙은 뇌의 특성을 살리는 것과 정확히 일치한다. 내가 7수를 하는 동안 보인 열심은 대단해 보일 수도 있겠지만 뇌 입장에서는 아무 소용 없는 허세였다. 물론 핑계가 없는 것은 아니다. 대안이 있는 게 아니었기 때문이다. 누구 하나 알려주는 사람도 없었다. 당시로써는 내가 선택할 수 있는 유일한 방법이었다.

공부는 무식하게 하는 거라는 신념이 있었다. 효율은 공부하기 싫어하는 자들의 핑계라고 생각했다. 그러는 사이 뇌는 하염없이 지쳐 갔고, 그 와중에 내가 선택할 수 있는 유일한 길은 더욱 열심히 하도록 나를 채찍질하는 것뿐이었다.

열심히 하는 것을 목표로 삼으면 공부의 내용이나 질은 중요하지 않다. 관심은 공부가 아니라 열심 그 자체다. 열심히 하지 않는다고 생각되면 불안하다. 힘은 들지만 열심히 공부한다고 생각하면 안심이 된다.

　문제는 열심히 하는 게 목표였기 때문에 실패의 이유를 그 열심에서 찾았다는 것이다. 재수를 결심한 경우 대개는 입시 실패의 이유를 열심에서 찾는다. 올 한 해 열심히 하지 않아서 실패했다고 생각한다. 그래서 다시 한 번 열심히 해 보겠다고 의지를 굳게 다진다.

　앞에서 언급했듯이 열심에는 실체가 없다. 기껏해야 고통과 희생의 정도에 견줄 뿐이다. 즉 고행의 길을 의연하게 걸어가 겠노라 다짐하는 것이다. 그래서 다시 생각해 낸 것이 최대한 잠을 줄이고 대신 공부 시간을 최대한 늘려서 '많은' 공부로 승부를 걸겠다는 각오다.

　그런 열심 앞에 만족할 수 있는 사람은 없다. 지나고 나면 누구나 후회와 아쉬움이 남기 마련이다. 열심히 해 보겠다고 아무리 강한 의지를 보인다 해도 결국 실패로 끝나게 되어 있다. '열심-실패-좌절-결의-열심'의 악순환이 끊임없이 반복될 뿐이다. 시간이 많이 주어지면 그만큼 악순환의 고리도 길어지고 고통만 더 쌓여 갈 것이다.

　1988년의 내 모습이 그랬다. 21세기는 스마트 시대다. 그런데도 30년 가까이 지난 이 시점에서 학생들을 바라보면 예전 내 모습과 크게 달라지지 않았다는 사실에 적이 놀라고 만다. 열심히 공부하는 학생일수록 더 그렇다. 빠져나오려고 발버둥 칠수록 더 빠르고 깊게 빨려드는 늪처럼 열심은 더 과도한 열심을 부른다. 되지도 않는 열심이다. 망하게 하는 열심이다.

뒤늦게나마 깨달은 게 얼마나 다행인지 모르겠다. 사실은 상당 기간 교육자로서 내가 걸어온 길을 학생들에게 강요하는 우를 범했다. 아이들을 열심의 늪으로 데려가서 같이 열심의 늪에 빠져들었다. 공식을 외우지 못하거나 시험 성적이 저조하면 틀린 문제 수에 따라 벌을 주기도 했다. 매일 더 많은 열심을 강요하는 교사였다.

지금 생각하면 교사로서 가장 쉬운 길을 택한 것은 아니었는지 자책이 든다. 시키고 혼내는 일은 누구나 할 수 있다. 그러나 두뇌 기반 공부법을 연구하면서 아이들이 스스로 생각하고 자발적으로 공부하도록 이끄는 것이야말로 진짜로 교사가 할 일이라는 결론에 이르렀다. 그 일은 아무나 할 수 없는 일이라는 것을 뼈저리게 느꼈다.

MAP 공부법은 장수 생활로 잃어버린 10년에 대한 후회와 교육자로서 흘려야 했던 참회의 눈물이 엮어낸 공부 지침이다. 당신은 부디 나의 피눈물 나는 실패를 반면교사로 삼아 뇌를 살리는 효과적인 공부로 반드시 공부에 성공하기를 바란다.

성급한, 아니 무모한 일반화의 오류(드문 예가 사람 잡는다)

성공하려면 롤모델이 있어야 한다고들 말한다. 롤모델에 따라서 나의 방향성이 설정되기 때문에 롤모델 선정은 매우 중요한 절차인 듯 보인다. 그러나 여기에도 주의해야 할 부분이 숨어 있다. 토머스 에디슨은 지금도 많은 사람들이 롤모델로 삼고 있는 인물이다. 에디슨을 모르는 사람은 없을 것이다. 에디슨은 "천재는 1퍼센트의 영감과 99퍼센트의 노력으로 이루어진다."라고 하면서 자신이 천재임을 과시하고 있다. 맞다, 그는 천재다.

그가 타고난 천재임을 부정할 사람은 아무도 없다. 우리의 99퍼센트 노력으로도 그의 1퍼센트를 극복할 수 없을 것이다. 천재가 우리에게 주는 이익은 사실 별로 없다. '와, 대단하다'라고 놀라움을 선사해 줄 수는 있어도 그들에게 배울 만한 것은 없다.

오히려 노력형 천재라면 본받을 것이 좀 있을지 모르겠지만 타고난 천재는 그냥 천재일 뿐이다. 에디슨처럼 노력한다고 해서 누구나 에디슨처럼 될 수 있는 것은 아니다. 게다가 에디슨은 전 국민의 1퍼센트도 되지 않는 '쇼트슬리퍼'였다고 한다.

에디슨은 네 시간만 자고도 하루 종일 대단한 집중력을 유지했다고 한다. 그는 생전에 잠은 인생의 사치라고 말하면서 하루에 네 시간만 자면 충분하다고 말했다는 것이다. 쇼트슬리퍼란 수면 유전자인 덱투(DEC2) 유전자에 돌연변이가 있어 잠을 매우 적게 자는 사람이다.

쇼트슬리퍼들의 뇌는 잠을 자는 동안에 손상된 세포를 회복시키는 과정과 독소 분해 과정을 다른 사람들보다 더 빨리 처리한다. 그렇기 때문에 네 시간 정도만 자도 하루 종일 맑은 정신과 상쾌한 기분을 유지할 수 있는 것이다.

　누군가 에디슨을 언급하며 잠은 인생의 사치니까 수면 시간을 줄여서라도 공부하라고 한다면 어떻게 되겠는가. 에디슨과 점점 멀어지는 신세가 될 것은 자명한 일이다.

　우리는 역경을 딛고 성공한 사람들의 이야기에 쉽게 감동한다. 자신도 그처럼 되기를 희망하며 주저하지 않고 롤모델 삼는다. 롤모델을 벤치마킹하고 꾸준히 실력을 연마해서 롤모델을 뛰어넘는 실력을 갖추는 것은 아름다운 일이다. 하지만 강요에 의한 롤모델이라면 다시 한 번 생각해 봐야 하지 않을까.

　공부도 마찬가지다. 흔히 말하는 엄친아, 엄친딸이 아이들을 괴롭히고 있다. '그들'처럼 되지 못해 루저로서 어두운 삶을 살아가야 한다. 정말 아이들을 두 번 죽이는 셈이다. 어른들은 비교당하고 무시당하는 것을 죽기보다 싫어하면서 왜 아이들은 비교하면서 괴롭히는 것일까. 공부 좀 잘하라고 자극하려는 것이라지만 무지의 소산이다. 뇌를 모르기 때문이다. 공부의 롤모델들을 벤치마킹하는 것은 장님 코끼리 만지기 식이 될 공산이 크다.

　그들이 성공하는 데 기여한 눈에 보이지 않는 습성들은 이미 완전히 익숙해져서 당연하고 자연스러운 것이기에 그들이 성공 이유를 이야기할 때 누락되는 경우가 더 많다. 마찬가지로 그들이 성공하기 위해 겪어야만 했던 수많은 과정과 시행착오는 본인조차 정확히 복기해 낼 수 없는 것이 많다. 그런 변수들은 무시한 채 성과만 추구하는 롤모델 설정은 또 다른 억지 공부를 불러들이는 요인이 되고 있다. 문제가 아닐 수 없다.

형이 서울대 갔다고 동생도 그래야 한다는 법이 있는가. 형이 한 그 일을 동생은 왜 못 하느냐고 다그쳐 봐야 소용없는 일이다. 그런데 현실에서는 그런 일이 빈번하게 일어난다. 실제로 내가 만난 학생은 서울대 들어간 형 때문에 받는 스트레스가 이만저만이 아니었다. 공공연하게 어머니의 차별 대우를 받아야 했다.

어머니는 지인 모임에서조차 형보다 성적이 높지 않은 동생의 존재를 아예 언급도 하지 않았다. 잘 모르는 사람들은 형이 외아들인 줄 알 정도였다. 형이 했으니 너도 해야 하고 또 할 수 있다고 몰아세운다면 큰 반발에 직면할 것이다.

시키는 사람이나 당하는 사람이나 모두 성급한, 아니 무모한 일반화의 오류에 빠져 버렸다. 공부 잘하는 우등생을 모델로 삼아 닦달한다고 해도 모든 아이가 우등생이 될 수 없는 것처럼 공부는 억지로 시킨다고 되는 게 아니다. 공부 잘하는 학생의 모든 것을 따라 한다고 해서 그 학생이 될 수 없는 것처럼 공부를 잘하게 되는 것도 보장할 수 없다.

절대로 일반화될 수 없는 지극히 드문 사례들이 평범한 학생들에게 롤모델로 제시되어 왔다. 나는 그런 공부법을 일컬어 '되는 사람만 되는 공부법' '로또 공부법'이라고 한다. 천 명 중 한두 명이나 나올까 말까 하는 확률에 속하는 학생들의 공부법은 지극히 평범해 보이지만 결코 평범하지 않다.

공부가 가장 쉬웠다는 사람도 있고 공부에 미쳐야 한다는 사람도 있다. 문제는 다수의 학생은 공부가 쉽지도 않고 공부에 쉽게 미칠 수도 없다는 것이다. 아무리 자극을 줘도 달라지지 않는다. 가슴이 뜨거워지지만 공부 현실에서는 이내 예전의 나약한 모습으로 돌아와 버린 자신의 초라한 모습과 마주할 뿐이다. 공부와 인연이 없다고 아예 단정 짓는다든지 괜한 헛수고만 한다고 생각하면서도 어쩔 수 없는 운명으로 받아들인다.

그러나 절망하기에는 아직 이르다. 우리는 이제껏 우리에게 잘 맞는(뇌에게 잘 맞는) 공부법을 시도해 본 적이 없다. 우리는 공부가 가장 쉬웠다는 그 사람도, 공부에 미쳐야 한다고 주장하는 그 사람도 아니기 때문에 우리가 그렇게 할 수 없는 것은 어찌 보면 당연한 일이다. '나는 되던데요'라고 말하는 사람도 있다. 그 수가 얼마이든지 우리는 그들과 전혀 다르다. 우리의 능력 탓이 아니다. 우리가 그들처럼 할 수 없는 이유는 처음부터 할 수 없는 방법을 선택했기 때문이다.

그렇게 할 수 있는 사람이 있는 반면 당연히 그렇게 할 수 없는 사람이 훨씬 많다는 사실을 잊지 말아야 한다. 당신은 어떤 사람인가. 공부가 가장 쉬운 사람인가. 공부에 미쳤는가. 아니면 그렇지 못한 당신을 보며 좌절하는가.

옆집 아이를 성공시킨 그 학원, 그 선생님은 나하고 아무 상관도 없다. 오히려 나에게는 독이 되어서 귀중한 내 시간을 낭비하게 만들 수도 있다. 어떤 사람은 A+B가 성공으로 이끄는 길이 될 수 있지만, 어떤 사람에게는 A+B가 실패로 가는 길이 될 수 있기 때문이다.

옆집 아이가 공부에 성공했다면 그 위치에 다다를 때까지 쌓아 올린 내공이 하루아침에 이루어진 게 아닐 것이다. 보이는 게 전부가 아닌 것처럼 글이나 말로 표현할 수 없는 디테일한 부분들이 모여서 큰 차이를 만들어 내기 때문이다.

때로는 자신도 인식하지 못하는 성공 요소가 많기 때문에 딱 잘라서 성공 요인을 말하는 것은 무리다. 단순히 학원이나 과외교사의 문제는 아니라는 뜻이다. 무리해서 남의 인생을 살려 하지 마라. 당신의 공부법을 찾아내라. 대안은 이 책에 있다.

처음부터 안 되는 것을 부둥켜안고 안절부절못하다가 실패하고 좌절하고 결국 포기해 버리는 공부 대신 지금부터 당장 실천에 옮길 수 있는 쉬운 공부부터 시작하라. 그리고 매일 지속하라. 물론 매일 지속하는 게 쉽지는 않다. 그게 가능한 방안을 열심히 찾아야 한다. 너무 쉬워서 절대 실패할 수 없을 정도로 지극히 작게, 그리고 쉽게 시작하는 것이 관건이다. 그것이 가능하다면 공부는 어느새 당신 편이 되었을 것이다.

열심히가 아니라 제대로다

성급한, 때로는 무모한 일반화의 암운이 공부 좀 해 보려는 학생들 위에 무겁게 드리워져 있다. 열심히 한다는 미명 아래

억지 공부로 내몰린다. <u>열심히 하는 것보다 더 중요한 건 제대로 하는 것임을 알아야 한다.</u>

그럼에도 불구하고 수많은 학부모가 마치 로또복권 당첨 판매점에서 복권을 사듯이 유명하다는 강사를 찾아 학원가를 기웃거린다. 그곳으로 아이를 밀어 넣으면 마치 로또복권에 당첨되듯이 공부 잘하는 사람으로 탈바꿈되어 나오기라도 하는 양 기대를 걸고 있다. 억지 공부가 끝없이 되풀이되는 우리 교육의 슬픈 현실이다.

열심과 제대로는 완전히 다른 말이다. 열심히 할 생각은 폐기물 처리장으로 보내 버려라. 적은 시간을 하더라도 제대로 된 공부가 중요한 것이다. 헛된 열심이 뇌를 죽이는 공부, 즉 억지 공부를 부른다. 열심히 한다고 에너지 낭비하지 말고 뇌를 살리는 제대로 된 공부로 하루 빨리 전환해야 한다.

억지 공부는 처음부터 안 되는 방법이었다. 그 사실을 빨리 깨달아야 공부 성공 가능성이 커진다. 안 되는 방법으로는 시간이 아무리 많이 주어져도 결국 안 된다. 그러나 많은 사람이 혹시 일어날지도 모르는 희박한 확률에 희망을 건다. 로또복권에 당첨되기를 바라는 마음만큼이나 순진한 발상이다.

억지로라도 열심히 하면 공부를 잘할 거라고 기대하는 것은 서울에서 부산까지 자전거로 여섯 시간 만에 갈 수 있다고 생각하는 것과 같다. 자전거로는 불가능하다는 사실을 그도 잘 알고 있다. 하지만 뜨거운 열정과 넘치는 의욕으로 자전거에

오른다. 열심히 페달을 밟는다. 식사도 간단히 해결하며 쉬지 않고 열심히 페달을 밟지만 예상대로 실패다. 그는 생각한다. '내가 더 열심히 했어야 해.' 혹은 '자전거가 더 좋았다면 혹시 가능했을지도 몰라.' 과연 그럴까?

더 열심히 했어야 한다고 생각한다면 노력 중독에 빠진 노력 지상주의자다. 자전거가 문제라고 생각하는 건 더 좋은 학원, 더 잘 가르치는 강사 타령이나 하는 것과 같다. 아무리 좋아도 자전거는 자전거다.

여섯 시간 안에 서울에서 부산까지 가려면 그것이 가능한 교통수단에 몸을 실어야 하듯이 공부를 잘하려면 제대로 공부하는 법을 알아야 한다. 공부는 뇌가 한다는 사실을 인정한다면 뇌를 알아야 한다. 공부할 마음이 없는 뇌를 부둥켜안고 억지 공부를 하는 것은 스위치만 누르면 움직이는 전동차를 힘으로 밀어서 움직이려는 것과 같다.

PRACTICE

ANALYZE

MAKE

iMAP 공부법

만들어라 MAKE
분석하라 ANALYZE
실행하라 PRACTICE

2장
시간 때우기 공부도 이제 그만

1) 시간 싸움은 시간 낭비다

승자는 시간을 관리하며 살고, 패자는 시간에 끌려다니며 산다.
-J. 하비스

공부가 공부를 망친다

앨빈 토플러가 지적했듯이 대한민국 학생들은 하루 열 시간 이상 공부에 매달린다. 억지 공부는 시간 때우기 공부로 연결되기 마련이다. 억지 공부를 시키는 사람이나 하는 사람의 유일한 기준은 시간이다. 얼마나 많은 시간을 공부했느냐가 잘한 공부와 잘 못한 공부를 가르는 유일한 잣대가 된다.

"하루 종일 책상 앞에 앉아 공부만 하는데도
성적이 오르지 않는 이유는?"

"우리 애는 하루 종일 책상 앞에 앉아 있는데 성적이 오르지 않아요."라고 말하는 부모를 심심치 않게 만난다. 책상 앞에 하루 종일 앉아서 공부만 하는 것 같은데도 성적이 오르지 않는 이유는 무엇일까? 부모는 모르는 것이다. 그 이유가 '하루 종일 책상 앞에 앉아 있기 때문'이라는 사실을.

무조건 열심히 하는 공부가 공부를 망친다. 아이러니다. 공부를 가로막는 가장 강력한 방해 요소가 공부라니. 공부 시간에 대한 오해 때문이다. 억지 공부는 필연처럼 시간 때우기 공부로 귀결되기 마련이다. 시간 때우기 공부는 하면 할수록 공부 욕구를 떨어뜨리고 억지 공부를 강화하는 악순환의 고리를 만든다.

집중력의 한계

인간의 집중력은 고작해야 20분 남짓이다. 아무리 집중력이 좋아도 40~50분을 넘기기 힘들다고 한다. 보통 중고등학교 수업 시간이 50분인 이유는 수업을 들을 때 필요한 집중력과 스스로 공부할 때 필요한 집중력이 다르기 때문이다. 공부에서 중요한 것은 혼자 공부다.

한 연구 기관에서 조사한 결과, 상위권 학생일수록 성적이 떨어졌을 때 혼자 공부 시간을 대폭 늘리는 반면 중하위권 학생은 과외나 인터넷 강의 같은 수업의 양을 늘린다고 한다. 혼자 공부가 더 많은 집중력을 필요로 하기 때문에 뇌가 빨리 지친다. 수업이 시각을 통해 들어온 정보를 후두엽으로 받아들이는 수동적인 활동이라면 스스로 학습은 전두엽을 활성화하는 고도의 집중력을 요구하는 두뇌 활동이다.

수업을 듣는 행위는 혼자 공부에 비해 수월하다. 모니터 앞에서 강사의 수업 내용을 경청하기만 해도 공부로 여겨지기 때문이다. 그러나 혼자 공부는 얘기가 다르다. 의지를 써서 전두엽을 가동하는 것은 상당한 에너지를 요구하는 힘든 작업이다.

내가 수험생들에게 인터넷 강의(이하 인강)의 유혹에 넘어가면 안 된다고 말하는 이유도 바로 여기에 있다. 공부 때문에 힘든 시기에 접어들면 인강으로 때우려는 경향이 있다. 같은 맥락에서 인강이나 과외, 학원 수업은 공부 시간에서 제외할 것을 당부한다. 인강은 최소화하고 혼자 공부를 늘려야 한다.

집중력이 30분 정도 되는데 90분간 책을 펴들고 있었다면 60분은 허비한 것이나 다름없다. 그런데도 친구들이나 부모에게 90분 공부했다고 말할 것이다. 여기서 공부 시간과 실제 공부 시간의 차이가 발생한다. 비극의 시작이다.

세계전뇌학습연구소 김용진 박사는 열 시간 공부했다고 가정할 경우, 실질적인 공부 시간은 두 시간에 불과하다고 말한다. 과장하는 말로 들리는가? 일반 학교 야간 자율 학습 분위기를 떠올려 보라. 금방 이해된다. 내가 코칭하는 학생들에게 말했더니 모두가 공감했다. 고3 교실이나 자습실 상황을 떠올려 보면 인정할 수밖에 없다는 것이다.

문제는 여기서 끝이 아니다. 60분 동안 제대로 공부하지도 못하면서 책을 펼치고 앉아 있는 바람에 다른 공부나 활동도 못 한 게 더 큰 문제다. 자신의 집중력 한계가 30분이라고 인정하고 그 시간만 집중해서 공부했다면 남는 60분은 다른 공부를 하거나 자기 계발 활동으로 사용할 수 있었을 것이다. 공부가 공부를 망친다는 것은 이를 두고 한 말이다.

누구나 집중력에는 한계가 있다. 상담을 해 보면 두 시간 정도는 거뜬히 집중할 수 있다고 말하기도 한다. 하지만 막상 공부하는 모습을 지켜보면 자신을 속이고 있다는 것을 어렵지 않게 알 수 있다. 뇌에 속고 있는 것이다. 나중에는 뇌가 시키는 대로 움직이다가 결국 슬럼프에 빠질 것이다.

"학습 능률을 떨어뜨리는 에너지 뱀파이어는 무엇인가?"

가장 조심해야 하는 건 자신 있는 과목, 좋아하는 과목을 공부할 때다. 보통 좋아하는 과목은 몰입이 잘되기 때문에 시간 가는 줄 모르고 공부에 빠져들기 쉽다. 그러나 인간은 로봇이 아니다. 좋든 싫든 무슨 일을 하든지 에너지를 소비하게 되어 있다. 자칫 자신이 좋아하는 과목이 전체 학습 능률을 떨어뜨리는 '에너지 뱀파이어'가 될 수도 있으므로 주의해야 한다.

오래 하는 공부가 미덕이 되었다. 공부 관련 블로그에서 공부법을 소개하며 무조건 열심히 하다 보면 어떻게든 될 테니까 일단은 책상에 앉아 열심히 하라고 독려하는 글을 본 적이 있다. 많은 학생이 댓글을 달고 의지를 다지는 모습을 보며 안타까운 마음이 들었다. 우리는 이미 많은 결심과 좌절을 경험해 왔기 때문이다.

"너 어제 몇 시간 공부했어?" 공부 좀 해 본 사람이라면 누구나 들어 봤을 것이다. 세대를 초월하여 우리 모두에게 시간 때우기 공부를 하도록 조장해 온 위험천만한 말이다. 이 말을 듣는 순간 누구라도 당연히 '아, 공부는 일단 시간부터 길게 잡고 볼 일이군' 하고 생각할 것이기 때문이다.

앞에서 인간은 시간의 흐름을 인식하지 못하는 것처럼 열심히 한다는 것, 집중하고 있다는 것을 인식하지 못한다고 했다. 뇌는 열심히 한다는 것을 순간순간 느낄 수는 있어도 지속적으로 인지할 수는 없다. 따라서 최종적으로 열심에 대한 판단은 몇 시간 했느냐, 그리고 얼마나 힘이 들었는가로 판단할 수밖에 없다.

그 결과 뇌에게 속는 것이다. 공부를 열심히 해서가 아니라 오래 버티고 앉아 있어서 지치고 힘든 것인데도 자신은 열심히 했다고 만족한다. 결국 문제 해결은 요원해지고 만다.

마라톤과 공부

나는 3개월마다 마라톤 대회에 나간다. 해마다 사하라 사막에서 열리는 사막 마라톤 대회 참가를 버킷리스트에 담고 훈련 차원에서 시작한 마라톤이 이제 내 삶의 일부가 되었다. 달릴 때마다 느끼는 것이지만 마라톤은 공부, 특히 입시 준비와 공통점이 많다.

마라톤에서 보통 초보자가 42.195킬로미터 풀코스를 완주하려면 적어도 4개월 이상 꾸준히 훈련해야 한다. 하지만 전문가들은 하프코스에 열 번 정도 참가하여 경험을 쌓은 뒤 풀코스에 도전하라고 권한다. 나는 그 말을 귀담아듣지 않았다. 마음이 급했다. 빨리 풀코스에 도전하고 싶었다. 더 나이 들기 전에 사막 레이싱에 참가하려면 하루라도 빨리 풀코스 경력을 쌓아야 한다고 생각했다.

2014년 11월 1일, 생애 첫 대회에서 하프코스를 2시간 16분 만에 완주했다. 성적은 저조했으나 자신감이 생겼다. 6개월 뒤 근거 없는 자신감으로 풀코스에 도전했다. 전문가는 괜히 있는 게 아니다. 그들의 조언을 무시한 결과는 처참했다. 완주는 했으나 실격이었다. 기준 시간이 5시간이었는데, 내가 세운 기록은 8시간 20분이었다. 주변에서는 대단하다고 치켜세우며 위로했지만 나는 적잖이 실망했다. 7수까지 하고도 성공하지 못한 것과 다를 게 뭐람. 실패한 이유는 분명했다. 연습과 훈련 부족 그리고 자만이었다. 나는 전혀 준비되지 않았던 것이다.

입시 공부도 마찬가지다. 준비 없이 시험을 치를 수는 없는 노릇이다. 마라톤처럼 공부, 특히 입시는 많은 준비가 필요하다. 체력과 정신력이 충분히 받쳐 줘야 한다. 뿐만 아니라 작전도 필요하고 전략도 필요하다. 마라톤과 입시 공부의 가장 큰 공통점으로 세 가지를 꼽을 수 있다.

첫째, 페이스 유지다. 마라토너가 가장 빈번하게 하는 실수는 오버페이스다. 달린 지 30분에서 한 시간 정도 지나면 뇌에서 뇌내 모르핀이라 부르는 도파민이 분비되기 시작한다. 그러면 이제 아무도 못 말리는 상황이 벌어진다. 도파민은 근육과 관절의 모든 고통을 날려 버리는 만병통치약이다. 폭주하는 기관차처럼 아무리 달려도 지치거나 힘들지 않을 뿐만 아니라 쾌감마저 느낀다. 한마디로 무아의 경지에 빠져든다. 느껴 보지 않으면 알 수가 없는 기분이다. 마치 구름 위를 달리는 듯한 최고의 절정, 그 맛에 마라톤을 한다고 해도 과언이 아니다. 바로 러너즈 하이(runner's high)라고 부르는 것이다.

> **"공부에서 페이스 유지에 실패하는 이유는
> 무리해서 공부 시간을 늘리기 때문이다."**

문제는 오버페이스다. 힘든 것을 느끼지 못하니까 마냥 신나게 달린다. 얼마 가지 않아 지쳐서 더 이상 달리기를 지속하기 힘들어진다. 공부 역시 의욕이 앞선 나머지 잠을 줄이는 등 무리해 가며 공부에 전념한다면 똑같은 상황에 부닥치고 만다. 앞에서 언급했듯이 자신이 좋아하는 공부가 발목을 잡기도 한다. 공부에서 페이스 유지에 실패하는 이유는 무리해서 공부 시간을 늘리기 때문이다. 열심히 공부하는 건 곧 오래 하는 것이라는 고정관념 탓이다.

입시 공부가 마라톤에 비유되는 이유는 분명한 목표, 장기 레이스 그리고 페이스 조절이라는 공통점 때문일 것이다. 공부도 마라톤처럼 달려야 할 때와 쉬어야 할 때가 분명히 존재한다는 사실을 알아야 한다. 달리는 와중에도 더 달려야 할 때가 있고 덜 달려야 할 때가 있는 법이다.

잘나갈 때 조심해야 한다. 마라톤도 그렇고 공부도 마찬가지다. 의욕도 충만하고 컨디션도 최고조일 때가 결정적인 순간이다. 그때를 어떻게 관리하느냐에 따라 누가 승자인지 누가 패자인지, 또는 누가 스페셜리스트이고 누가 아마추어인지 판가름 난다. 공부에 관한 한 당신은 승자인가 패자인가, 스페셜리스트인가 아마추어인가. MAP 공부법은 당신을 공부의 승자로, 공부의 스페셜리스트로 이끌어 줄 것이다.

마라톤과 입시 공부의 두 번째 공통점은 시간의 딜레마다. 마라톤을 할 때마다 느끼는 딜레마도 시간과 관련되어 있다. 마라토너는 3분의 2 지점을 통과하면서 거대한 벽과 마주한다. 인간 한계의 벽이다. 너무 힘들다. 진짜 죽을 것만 같다. 대체 이 짓을 왜 하는지 모르겠다는 생각밖에 없다. 불과 한 시간 전만 하더라도 좋아서 죽을 것만 같았는데, 인간 참 간사하다.

힘들 때 속도를 좀 줄이면 살 만하다. 그렇지만 고통이 완전히 사라지는 것은 아니다. 당연히 속도를 줄이면 달리는 시간이 늘어난다. 마라톤을 위해 훈련이 필요한 이유는 시간을 단축하기 위해서다. 힘들다고 속도를 늦추면 고통의 시간만 더 연장될 뿐이다. 마라토너가 평상시 죽을힘을 다해 훈련에 임하는 이유는 힘든 달리기를 얼른 끝내고 더 힘들어지기 전에 결승선을 통과하기 위해서다. 마라톤이 공부에 주는 두 번째 교훈은 바로 이것이다.

"공부 시간은 길면 길수록 불리해진다."

공부? 힘들다. 사실이다. 그런데 그 공부를 부둥켜안고 시간을 끌어 봐야 몸만 지치고 공부는 더 힘들어지게 되어 있다. 공부 시간은 길면 길수록 불리해진다. 억지로 하면 다음 공부는 더 하기 싫어진다. 답은 하나다. 짧은 시간에 승부를 걸어야 한다. 그러려면 효과적인 공부를 해내야 한다. 여기서 실패하면 슬럼프가 찾아온다. 특히 입시 공부에서 슬럼프는 치명적이다.

공부하느라 시간을 끌면 끌수록 효율은 떨어지고 그것을 보충하기 위해 다시 시간 사냥에 나서는 악순환을 반복한다. 여섯 시간 공부하는 것보다 여덟 시간, 여덟 시간보다 열 시간 공부하면 더 많은 공부를 할 것만 같다. 하지만 이 같은 생각이야말로 1960~1970년대 경제 개발 5개년 계획 수립 당시의 사고 방식이다. 그런 시간 논리라면 재수보다는 삼수가 삼수보다는 7수가 유리할 것이다.

공부를 시간의 논리로만 본다면 그럴듯한 말처럼 들릴 수도 있다. 그러나 인간은 전기 코드만 꽂으면 어김없이 돌아가는 기계가 아니다. 공부 시간이 길어지면 길어질수록 뇌가 지친다. 감당하기도 힘든 짐을 스스로 짊어지고 힘들다고 아우성치는 꼴이다. 재수, 삼수를 거듭할수록 지식이 축적되는 것이 아니라 중압감만 배가된다. 공부를 못해서가 아니라 중압감에서 벗어나지 못해 시험을 망치는 학생이 얼마나 많은가.

아무리 멋지게 잘 달려도 제한된 시간 안에 결승선을 통과해야 기록을 인정받는다. 입시 공부도 마찬가지다. 시간이 더 많이 주어지면 더 많은 기회가 주어진다고 생각할 수도 있겠지만 대단한 착각이다. 시간은 상대 가치다. 시간은 절대로 기회가 될 수 없다. 늘어난 시간은 오히려 위기를 자초할 수 있다. 차라리 시간이 부족하다고 느꼈다면 이것도 줄이고 저것도 빼고 하면서 효율에 대해 생각해 볼 여지가 있을 텐데, 시간이 충분하다고 생각하면 쓸데없는 공부를 더 늘릴 가능성이 높기 때문이다.

우리에게 1년의 시간이 주어졌다면 그 시간 안에서 승부를 걸어야 한다. 하루 24시간 중 공부할 수 있는 시간이 열두 시간이라면 집중력을 키우고 효율을 높여 여덟 시간으로 시간을 줄이자. 그리고 늘어난 시간만큼 공부 때문에 포기해야만 했던 진짜 공부를 시작하자. 책도 읽어야 한다. 운동도 해야 한다. 밥을 꼭꼭 씹어 천천히 먹고 충분한 휴식을 취해야 한다. 이런 것들이야말로 효과적인 공부를 위해 반드시 필요하다는 사실을 알아야 한다.

마라톤과 입시 공부의 세 번째 공통점은 준비 과정이다. 마라톤 풀코스를 위해 6개월간 준비할 경우 총 840킬로미터에 달하는 달리기 훈련을 소화해 내야 한다. 하지만 그 훈련 기간 동안 하루에 가장 많이 달리는 거리는 33~35킬로미터다. 어떤 날은 5킬로미터 또 어떤 날은 17킬로미터를 달린다. 풀코스를 준비한다고 매일 풀코스를 달리지 않는다. 중요한 점은 페이스를 조절하며 점차 운동량을 늘려 가는데 모든 훈련 일정은 대회 당일에 초점을 맞춘다는 것이다.

우리는 보통 입시 준비를 말할 때 고3이나 재수생, 반수생을 기준으로 6개월에서 1년을 잡는다. 마라톤에서 풀코스를 준비하며 풀코스를 연습하지 않는 것처럼 공부도 전략적인 시간 선택이 필요하다. 아무리 대단한 각오와 의지로 시작했다 하더라도 공부에 대해 가지고 있는 부정적인 선입견 때문에 작은 실수나 어려움에도 쉽게 좌절할 수 있다. 우리의 뇌는 안 된다는 생각, 힘들다는 생각, 불가능하다는 생각에 너무나도 쉽게 지배당하기 때문이다. 따라서 처음부터 무리하여 '빡세게' 돌렸다가는 초장에 지쳐 떨어져 나가기 십상이다. 효율적인 시간 관리가 필요하다.

"시간 싸움은 시간 낭비다."

시간 싸움은 시간 낭비다. 다양한 기술을 익혀 페이스를 유지하고 오히려 시간을 줄이는 노력을 기울여야 한다. 그렇지 않으면 되지도 않는 공부 때문에 정작 필요한 공부를 놓치고 만다. 효과적인 공부가 필요하다. 효과적인 공부를 위해서 절대적으로 필요한 것이 집중력이다. 이 기술을 연마하기 위해 평상시 훈련이 필요하다. MAP 공부법은 바로 이런 훈련을 효과적으로 해내도록 돕는 공부 매뉴얼이다.

MAP 공부법은 철저한 시간 관리 공부법이다. 작은 노력으로 자기 시간을 통제할 수 있다. MAP 공부법에 의한 다이어리 작성법을 익히고 '부록'에 소개한 집중력 강화 노트 사용 방법을 터득한다면 효율적인 공부는 물론 시간을 절약하면서 집중력도 키우는 일석삼조의 효과를 거둘 것이다. 데이터를 만들고 분석하고 실행하는 과정에서 전략적인 시간 관리가 가능해지는 경험을 할 수 있다.

"공부든 마라톤이든 '무대뽀'는 금물이다."

스몰 스타트, 스몰 스텝 전략을 구사함으로써 기초 체력을 다지듯이 공부 근육을 키워야 한다. 하루아침에 모든 훈련을 끝내려고 덤벼들어서는 곤란하다. 아무리 급해도 여유를 두고 멀리

보는 전략과 전술이 필요하다. 공부든 마라톤이든 '무대뽀'는 금물이다. 마라톤이 무조건 달리기만 하는 단순한 스포츠가 아닌 것처럼 공부도 시간 싸움만으로는 절대로 좋은 성과를 보장할 수 없다.

2) 시간 싸움으로는 문제를 해결할 수 없다

시간이 해결해 준다는 말이 있지만 실제로 문제를 해결하는 것은
시간이 아니라 바로 당신이다.
- 앤디 워홀

시간에 대한 편견

우리는 시간에 관한 한 치명적인 고정관념에 사로잡혀 있다. 많은 일을 하려면 많은 시간이 필요하다고 생각한다. 이 같은 편견은 뇌에 대한 무지에서 비롯된 것이다. 어차피 인간이 시간을 사용하는 데는 한계가 있다. 따라서 단순히 시간의 양으로만 승부를 건다면 제약이 따를 수밖에 없다. 시간을 어떻게 효과적으로 사용하느냐에 따라 일의 성과가 달라진다. 먼저 뇌를 이해하고 뇌를 활용해서 효율을 높이는 개인이나 집단이 앞서가는 법이다. 이 사실에 무지하다면 그만큼 뒤처질 수밖에

없는 노릇이다.

아래 기사에서 효율과 시간 사용에 대한 힌트를 얻을 수 있다.

아침 8시 출근, 오후 1시 퇴근.

임금 삭감 없는 하루 다섯 시간 노동은 성공할 수 있을까.

서핑보드를 생산하는 미국 기업 '타워 패들 보드(Tower Paddle Boards)'의 최고경영자 슈테판 아르스톨은 최근 경영 전문지 〈패스트 컴퍼니〉에 하루 다섯 시간 노동을 도입한 후기를 기고했다. 아르스톨은 지난달 30일(현지 시간) 이 매체에 기고한 글에서 노동 시간 단축과 이익공유제로 하루 다섯 시간 노동을 성공리에 안착시킨 경험담을 소개했다. (중략)

그는 지난해 6월 1일부터 시험 삼아 3개월간 전 직원에게 하루 다섯 시간 노동제를 적용했다. '하루 다섯 시간 노동'을 도입하자 직원들의 시간당 보수는 하루아침에 두 배 가까이 늘었다. (중략) 직원들의 실질 임금은 두 배로 뛰었지만 회사의 재정 부담은 단 한 푼도 늘어나지 않았다. 다만 그는 이 과정에서 직원들에게 평균 노동자보다 두 배 더 생산성을 높여야 한다는 점을 강조했다. 이 기준은 철칙과 같아서 누구도 이를 지키지 못하면 회사를 떠나야 한다고 말했다.

실험 결과는 성공이었다. 회사는 지난 2년간 미국에서 가장 빠르게 성장한 5,000개 기업 명단에 올랐다. (중략) 아르스톨은 이를 신뢰가 낳은 성과라고 봤다. 직원들에게 자유 시간을 더 주는 것이 낭비가 아니라 직원과 회사의 생산성을 높일 수 있다는 그의 생각은 틀리지 않았다. 아르스톨은 "사람은 기계가 아니라 오래 일할수록 생산성이 떨어진다."라며 "행복한 노동자일수록 생산성이 높다는 것이 입증되고 있다."라고 말했다. – 2016년 9월 16일 자 〈경향신문〉에서

이제 노동 현장도 변화가 없으면 도태되는 시대가 열리고 있다. 선진국에서는 야근을 자주 하면 시간 내에 일을 처리하지 못하는 무능력한 직원으로 낙인찍힌다고 한다. 반면 우리 사회는 아직도 효율보다는 근무 시간에 따른 평가가 대세인 것 같다. 매일 야근하면 일을 잘한다고 평가해 온 것도 사실이다. 그러니까 일 잘하는 사람은 곧 일을 많이 하는 사람인 것이다.

심지어는 수당을 챙기기 위해 야근을 불사하기도 한다. 업무 시간에 웹서핑이나 개인적인 일을 처리하면서 느긋하게 시간을 보내다가 정작 남들 다 퇴근한 이후에 야근을 핑계로 회사에 남아 못다 한 일을 처리하는 것이다. 아직도 그런 사람이 회사에서 인정받는다는 사실이 놀랍기만 하다.

위 기사에서 아르스톨이 강조하며 내건 조건은 단 한 가지, 평균 노동자보다 두 배 더 생산성을 높여야 한다는 것이다. 공부도 마찬가지다. 공부도 생산성을 높여야 한다. 시간 싸움은 비효율의 상징이다. 아르스톨이 생산성을 높이지 않으면 회사를 떠나야 한다고 말한 것처럼 공부에서 생산성을 확보할 수 없

다면 공부하는 의미가 없다. 결국 시간 낭비요 인생 낭비인 셈
이다.

문제 있는 문제 해결

아르스톨이 주목한 점은 결국 문제 해결 능력이었다. 그는
직원들이 서너 시간이면 해결할 수 있는 일을 업무 시간을 채
우느라 여덟 시간 동안 한다는 것을 발견하고 생산성을 담보로
일종의 모험을 했던 것이다. 다행히 그의 실험은 대성공이었
다. 돈을 주는 사람과 받는 사람의 마음은 같을 수가 없다. 주
는 사람은 적게 주면서도 많은 일을 시키려 하고, 받는 사람은
적게 일하고 많이 받기를 바란다. 인지상정이다.

아르스톨이 주목한 것은 받는 사람의 심리였다. 받는 만큼
일해야 한다는 고정관념에 사로잡혔다면 그와 같은 문제 해결
은 불가능했을 것이다. 혁신도 없고 변화도 없고 성공도 없었
을 것이다. 하지만 그는 시간 싸움에서 한걸음 물러나 생산성이
라는 잣대로 문제를 재구성했다. 문제는 생산성이지 근무 시간
이 아니라는 점을 간파한 것이다. 오히려 오랜 근무 시간이 생
산성을 발목 잡고 있다는 사실을 통찰해 낸 것이다.

입시든 취업이든 공부든 마찬가지다. 중요한 것은 문제를 해
결하는 과정이다. 각자 해결해야 할 문제가 있기에 재수도 하
고 삼수도 하는 것 아니겠는가. 자꾸만 실패하는 이유를 알겠
는가. 답은 간단하다. 문제를 해결하지 못했기 때문이다. 왜 문

제를 해결하지 못했을까. 문제가 뭔지 모르기 때문이다. 문제는 시간이 아니라 효율인데 고정관념이 우리의 눈과 귀를 가려서 문제를 보지 못하게 만든 것이다.

간혹 문제를 알았다 한들 해결 방법을 모른다. 문제도 모르고 해결 방법도 모르기에 열심히만 하면 되는 줄 아는 것이다. 고정관념에 사로잡히면 억지 공부, 시간 때우기 공부에 연연하는 것이다. 열심히 하는 게 능사가 아닌데도 달리 방법을 모르기에 그렇게 할 수밖에 없는 것이다. 그렇게 해서 생산성이 떨어지고, 생산성이 떨어진 비효율적인 공부가 문제 해결을 더 어렵게 만든다. 고정관념을 깨는 작업이 선행되어야 한다.

아무리 열심히 공부해도 문제가 그대로 있는 경우가 많다. 열심히 공부해도 성과를 내지 못하는 학생들은 문제 해결을 위한 공부가 아니라 열심을 충족하기 위한 '자아도취' '자기만족' 공부에 전념하는 경우가 많다. 공부하는 모습을 몇 시간만 지켜봐도 당장 알 수 있다. 하지만 정작 본인은 그 사실을 알아차리지 못한다. 그래서 헛고생을 하는 것이다. 그게 바로 삽질 공부다.

데이터는 거짓말하지 않는다

문제 해결을 위해 필요한 것이 데이터다. 억지 공부에서, 시간 때우기 공부에서 벗어나 진정한 문제 해결을 위한 공부로 들어가는 길은 데이터뿐이다. 자기 자신을 알아야 함에도 불구하고 대부분의 수험생은 매번 같은 실수를 되풀이하면서도 자기 자신에 무지하다. 자신의 뇌에 대해 알지 못할 뿐 아니라 관심조차 없다는 말이다.

MAP 공부법을 활용한 다이어리(스터디 MAP 다이어리, 부록 참조)를 통해 자신의 문제를 발견한 김예지 양(한국외국어대 중국외교통상학부)의 말을 들어 보자.

"국어에 소질이 없어서 성적이 안 나온다고 생각했습니다. 재수를 결심한 것도 다른 과목에 비해 국어 점수가 낮게 나와서 원하는 대학에 진학할 수 없었기 때문입니다. 나름대로 학습 플래너를 열심히 썼는데요, MAP 공부법에 따라 스터디 MAP 다이어리를 쓰고 코칭을 받으면서 제 문제점을 정확히 찾을 수 있었습니다. 국어 때문에 재수하면서도 만날 수학만 공부하고 있더라고요."

김양은 자신의 생활을 일거수일투족 다이어리에 기록함으로써 문제점을 찾아낼 수 있었다. 그 문제를 해결하는 방향으로 공부 방향을 전환하자 괄목할 만한 성과를 올렸으며, 자신이 원하는 대학 원하는 과에 들어갔다.

자신이 열심히 한다는 생각만으로는 부족하다. 인간은 나약하다. 팔은 안으로 굽는다. 자기 자신에 대해 객관적인 판단을 내리는 게 여간 어려운 일이 아니다. 인간은 익숙한 것을 자신에게 잘 맞는다고 착각하는 경향이 있다.

전교 꼴찌도 자기만의 공부법이 있기 마련이다. 고집이 세면 공부법을 알려 줘도 잘 받아들이지 않는다. 자신에게 잘 맞는 공부법은 스스로 안다는 것이다. 지원자를 선정해서 변신을 도와주고 가족들에게 서프라이즈를 선사하는 TV 프로그램이 있었다. 변신녀로 선정된 중년 여성이 의상 코디를 맡은 전문가들의 조언에 대해 말했다. "선생님, 잘 모르시나 본데요, 저는 제가 잘 압니다. 이런 스타일은 제게 안 어울려요."

"인간은 변화를 두려워한다. 시도하지 않으면 실패도 없다.

물론 변화도 없다."

어차피 인간은 변화를 두려워한다. 시도하지 않으면 실패도 없다. 물론 변화도 없다. 그러나 실패가 두려워 시도조차 않는다면 평생 발전도 성장도 없는 무미건조한 삶으로 생을 마감할 것이다. 우리에게 필요한 것은 변화다. 거창한 변화는 필요 없다. 세심하게 주의를 기울이지 않으면 감지하기 어려운 미세한 변화가 생각과 손끝에서 일어나야 한다. 공부를 갑자기 잘하기는 로또 당첨만큼이나 어려울지 몰라도 작은 변화를 이끌어 내는 것은 누구나 쉽게 할 수 있다. 그 일을 어렵다고 여기지 않는 것이 중요하다.

데이터는 거짓말을 하지 않는다. 반면 우리는 자신이 세운 계획들 앞에서 얼마나 빈번하게 거짓말을 해 왔는가. 열정이 솟구칠 때 세운 계획들은 수포가 되기 십상이다. 열정이 넘칠 때는 1년 내내 그 열정이 지속될 것 같지만 3일이면 종료된다. 열정을 일으킨 도파민의 유효 기간은 3일밖에 안 되기 때문이다. 따라서 3일이 지나면 언제 그랬냐는 듯 열정적으로 세운 계획과 동떨어진 원래의 일상으로 돌아오는 것이다.

그런 우리에게 필요한 것은 계획이 아니라 조정이다. 그러기 위해 필요한 것이 데이터다. 한 줄 두 줄 기록해 가며 만든 데이터에는 자신의 삶이 고스란히 녹아 있다. 부정할 수도 없고 속일 수도 없는 나의 삶 자체다. 이제 시간 분배를 놓고 조정할 일만 남았다. 물론 문제를 해결하는 방향으로 말이다.

뇌는 내 편이 아니다

데이터가 필요한 또 다른 이유는 뇌를 믿을 수 없기 때문이다. 프랑스 작가 데이비드 디살보는 저서 《나는 결심하지만 뇌는 비웃는다》에서 인간이 왜 후회할 일을 선택할 수밖에 없는가를 뇌신경학에 근거하여 자세히 밝히고 있다. 그는 우리가 지금 만족스럽지 못한 상태로 또는 불행하게 살아가는 이유는 뇌에 속았기 때문이라고 단언한다.

뇌는 내 편이 아닌 게 분명하다. 뇌가 내 몸 안에 있으니 내 편이 되어 줄 거라고 생각한다면 대단한 착각이다. 세 시간 네 시간을 올인하면 수학을 잘할 수 있다고 생각하는 것도 뇌지만, 이내 힘들어져서 더 이상 못 하겠다고 슬럼프를 끌어들이는 것도 뇌다.

흡연자라면 한 번쯤 금연에 도전해 봤을 것이다. 그런데 어떤가. 미국에서 금연 성공률을 조사한 결과 금연을 시도한 사람이 1년 동안 금연에 성공할 확률은 9퍼센트라고 한다. 한번 생각해 보자. 담배가 몸에 해롭다는 사실을 뇌가 모를까? 뇌가 제 주인을 조금이라도 걱정한다면 그 해로운 담배쯤 끊어 줘야 예의 아니겠는가. 그러나 뇌는 무심하다. 때론 잔인하기까지 하다. 주인이 죽든지 말든지 관심이 없다. 오로지 연기 한 모금을 빨아들였을 때 느끼는 쾌감만 중요한 것이다. 따지고 보면 음주 운전이나 도벽, 도박 등 자신을 몰락의 길로 밀어붙이는 잘못된 습관들도 마찬가지다.

<u>뇌는 공부에 관심이 없다.</u> 아무것도 하지 않으면서 그저 먹고 노는 것을 좋아한다. 이런 것들은 연습도 필요 없다. 노력 없이도 할 수 있는 일들이다. 인간의 뇌는 생존을 위해서 그렇게 만들어졌다. 나무 열매나 따 먹으며 평화롭게 살면 될 것을 쓸데없이 고기 한번 먹어 보겠다고 창 들고 나섰다가는 자신이 '고기'가 될 수도 있기 때문이다.

뇌는 엄청난 용량과 능력을 지녔으면서도 생존을 위해 꼭 필요한 것만 기억하는 습성을 지녔다. 공부하는 사람 입장에서는 고약하기 그지없다. <u>뇌를 공부하는 뇌로 이끌지 못한다면 공부에서 성공할 수 없다. 우리는 뇌에 속고 살았다. 이젠 우리가 뇌</u>

억지 공부, 시간 때우기 공부로는 뇌를 속일 수 없다. 오히려 뇌에게 뒤통수 맞기 딱 좋은 방법이다. 지금까지 어떻게 공부해 왔는가는 중요하지 않다. 이제부터가 진짜 공부다. 머리 탓도 그만둘 때다. 머리는 사실 거기서 거기다. 우리는 공부에 대해 긍정적인 신호보다는 부정적인 신호에 더 노출되어 왔다. 공부하는 재미를 맛보기도 전에 공부에 좌절했다.

MAP 공부법은 종합적인 대안을 제시한다. 지금까지 나의 제안을 성실하게 따른 많은 학생이 공부에 대한 관점을 바꾸고 뇌를 활용함으로써 공부에 많은 성과를 올릴 수 있었다. MAP 공부법은 자신감이라고 말하는 학생도 있었다. 또 어떤 학생은 희망이라고 했다. 거울이라고도 말했다. MAP 공부법은 행복, 마술, 성찰이라고 말하는 학생들, 그들이 거둔 성과는 성적 향상 그 이상이었다.

앨빈 토플러의 말처럼 우리는 쓸데없는 공부에 너무 많은 시간을 허비하고 있다. 진짜 공부를 해야 한다. 책도 읽어야 하고 진로에 대한 탐색과 사색도 필요하다. 바쁜 일과 중에도 균형 잡힌 삶을 위한 노력을 포기해서는 안 된다. 불행한 공부는 비극이다. 공부 자체는 원래 즐거운 것이다. 지적 호기심을 충족시키는 것은 뇌의 가장 차원 높은 욕구를 해결하는 동시에 지속적으로 욕구가 생기는 가장 강력한 동기 부여다.

하면 될까?

교실이나 관공서 벽마다 '하면 된다'라는 말을 걸어 놓던 시절이 있었다. 참 무서운 말이라고 생각한다. '하면 된다'고 했는데 안 되면 어떡할까. 걱정 없다. 그럴까 봐 '안 되면 되게 하라'는 말도 있다. 엄청나게 무서운 말이다. 해도 안 된다고 생각하는 사람들에게 이처럼 무서운 말은 또 없을 것이다.

7수의 경험으로만 보자면 아무리 해도 안 되는 것이 있다. 하지만 거기에는 중요한 변수가 빠져 있다. 제대로 해야 한다는 간단명료한 사실. '하면 된다'가 만들어 낸 비극이 바로 억지 공부요 시간 때우기 공부다. 해 봤더니 안 되었다면 결국 열심히 안 한 게 되고 머리가 나쁜 게 되고 능력이 부족한 게 되는 것은 곤란하다.

제대로 했는데도 안 된 것인가를 반드시 살펴야 한다. 경험이나 정보도 없고 매뉴얼도 없는 상태에서 '하면 된다'고 말하며 '안 되면 되게 하라'고 한다면 이 얼마나 답답한 노릇인가. 어떻게든 뇌를 살리고 뇌를 활용해야 한다. 그래서 효율적인 학습이 이뤄지도록 돕고 데이터를 통해서 자신의 문제를 정확하게 인식해야 한다. 문제를 해결하는 방향으로 공부해 나가야 한다. 그렇게만 된다면 안 되는 것이 더 이상하다. 그런 전제라면 나 또한 자신 있게 말할 수 있다. "공부? 제대로 하면, 된다!"

iMAP 공부법

만들어라MAKE
분석하라ANALYZE
실행하라PRACTICE

3장
공부는 노동이 아니다

스마트 시대는 스마트폰이 만들어 낸 게 아니다

바야흐로 스마트 시대가 도래했다. smart란 단어를 사전에서 찾아보면 여러 가지 의미 중에서 '똑똑한' '영리한'이라는 뜻이 눈에 들어온다. 똑똑하고 영리하다는 것이 과연 공부만 잘하는 걸 의미할까? 물론 스마트한 사람이 공부도 잘할 수 있다. 우리가 주목해야 하는 것은 영리하고 똑똑한 사람들이 공부를 잘하는 이유다. 단순히 영리하고 똑똑하니까 공부를 잘할 거라고 생각해선 안 된다. 실제로 똑똑하고 영리한 사람들의 지능 지수는 평균을 크게 벗어나지 않기 때문이다.

스마트한 사람들을 똑똑하고 영리하다고 말하는 이유는 그들이 효율의 의미를 알고 일이든 공부든 효과적으로 해내기 때문이다. 스마트 시대는 바로 효율의 시대인 셈이다. 스마트 시대는 스마트폰이 만들어 낸 것이 아니다. 오히려 스마트폰은

우리의 삶에서 우리가 알아차리지 못하는 사이에 '스마트'를
스마트하게 빼앗아 버렸다.

그렇다면 스마트 시대의 진정한 주인은 누구인가. 현재 정치,
경제, 사회, 문화 전반에서 스마트 시대를 주도하는 개인이나
집단은 이미 스마트 시대가 열리기 전부터 스마트한 삶을 살
았다. 그들의 스마트한 사고와 스마트한 도전에 세상이 응답했
다. 그들에게 스마트 시대를 열 수 있는 열쇠가 주어진 것이다.
그들은 '스마트' 생산자 계층을 형성했다. 시야가 늘 현재에 머
물면서 수동적 삶에 만족한 절대다수가 그들을 지지하는 소비
자 계층을 이룬 것이다.

스마트 시대는 열심히 일만 하는 사람에게 더 이상 손을 내밀지
않는다. 공부에서 그 사실을 배우지 못하면 점점 스마트한 인재를
요구하는 사회에서 도태되거나 낙오할 수밖에 없다. 공부에 성공
한다고 인생에서 성공한다는 보장도 없다. 공부만 잘한 모범생
이 학교 문을 나서는 순간 열등생으로 전락할 수도 있다. 반대
로 공부는 좀 못했어도 사회에 진출해서는 두각을 나타낼 수
있다. 미래가 요구하는 인재상은 생각과 태도가 스마트한 사람
이지 무조건 열심히만 하는 사람이 아니기 때문이다.

스마트 시대, 스마트 공부법

문제는 방법이다. 세상은 하루가 다르게 변하는데 여전히 억
지 공부라도 해야 한다고, 시간 때우기 공부라도 해야 한다고

생각한다면 시대착오적 발상이 아닐 수 없다. 바뀐 세상은 더 스마트한 인재를 요구한다. 우리는 끊임없이 자기를 혁신하고 자기 계발에 힘써야 한다.

공부하는 학생도 마찬가지다. '어제까지 해 온 공부니까 오늘도 한다'는 정신으로 공부에 임해서는 미래가 불투명하다. 어제보다 나은 오늘, 오늘보다 나은 내일을 위해 끊임없이 성찰하고 성장해 나가야 한다.

노동하듯이 공부할 경우, 하는 사람이나 가르치는 사람이 가장 빠지기 쉬운 게 매너리즘이다. 솔직히 가르치는 것도 뻔하고 배우는 것도 뻔하다. 가르치는 사람이 몇 년 전, 아니 몇 십 년 전에 습득한 지식을 계속해서 우려먹어도 아무도 눈치채지 못한다. 배우는 사람도 '어차피 시험에 나올 것만 공부하면 되니까' 하는 생각으로 소극적이긴 매한가지다.

스마트 공부법. 어느 누구도 배워 본 적이 없다. 방법을 몰랐기에 기회조차 없었다. 공부를 잘하려면 우선 공부에 흥미가 있어야 하는데 문제는 흥미를 갖기까지 넘어야 할 산이 너무 많다는 것이다. 흥미가 억지로 한다고 생기는 것인가. 강제로 하면 반발심만 커지는 법이다.

노동하듯이 공부하는 사람들이 있다. 의무감에서든 시켜서든 계획표에 나온 일정을 무슨 일이 있어도 완수해야만 직성이 풀린다. 매우 훌륭한 자세지만 공부에서는 추천하고 싶지 않다. 야근을 해서라도 정해진 작업량을 채우고야 마는 성실한 노동자처럼 공부하는 경우가 적지 않다. 하지만 노동처럼 하는 공부가 흥미를 유발할 거라고 기대하기는 어렵다.

공부를 노동으로 여기면 공부는 힘들기만 하다. 성적이라도 떨어지는 날이면 그나마 간신히 유지하던 학습 의욕마저 상실하고 만다. 노동하듯 공부에 임하면 지극히 수동적이고 방어적인 학습 태도를 보이기 마련이다. 노동으로 하는 공부는 실질적인 공부보다 형식적인 공부, 자기만족을 위한 공부에 그칠 가능성이 매우 높다.

스마트 공부법은 대단한 것이 아니다. 오늘 당장 누구라도 실천할 수 있다. 스마트한 공부는 효율적인 공부다. 문제를 해결하는 공부다. 자신을 객관화해야 한다. 뇌에 속지 않고 뇌를 속이는 방법이다. 뇌가 시키는 대로 하지 않고 뇌를 달래 가며 뇌로 공부하도록 만드는 기술이다. 진정한 스마트 공부법, 바로 MAP 공부법이다.

슬럼프는 태풍이다

슬럼프는 공부하지 않아서 오는 '불안감'이라고 말하기도 한다. 슬럼프에 대해 이토록 정확한 표현이 또 있을까. 맞다, 슬럼프는 허구다. 슬럼프는 인간이 만들어 낸 허상에 불과하다. 슬럼프에 빠지면 병원에도 갈 수 없고 그야말로 약도 없다. 이젠 그만하고 싶다고 뇌가 파업을 선언한 것이다. 혹사당한 뇌가 자신을 공격 대상으로 삼는 행위, 즉 일종의 자가 면역 질환인 셈이다.

슬럼프의 책임은 전적으로 자신에게 있다. 시작할 때부터 슬럼프는 예정되어 있었다. 슬럼프가 올 수밖에 없는 방식으로 공부하기 때문이다. 사정이 이렇다 보니 공부하는 사람에게 슬럼프는 당연히 겪는 통과의례가 되었다. 슬럼프가 일상이 되어 버린 사람도 있다. 우리는 슬럼프를 원망한다. 슬럼프만 아니면 목표를 달성할 수 있었을 것처럼 이야기한다.

슬럼프를 당연시하다 보니 명사들조차도 슬럼프 극복과 관련된 멋진 말들을 지어내곤 한다. 하나같이 슬럼프를 극복해야 한다고들 한다. 이겨 내고 견뎌 내야 한다고들 한다. 어떤 면에서 입시는 슬럼프와의 전쟁이라고 해도 과언이 아니다. 그래서 자기 자신과의 싸움이라는 말이 나온 것인지도 모르겠다.

나의 7수 경험과 지난 21년간 학생들을 지도하면서 겪은 경험을 토대로 판단해 보건대 슬럼프를 극복하는 것은 불가능하다. 누군가는 슬럼프를 이겨 냈다고 한다. 이겨 낸 것처럼 보이지만 거기에 속아서는 안 된다. 이겨 낸 것이 아니라 슬럼프가 지나간 것이다. 소멸된 것이다. 슬럼프는 태풍이다. 태풍을 견딜 수 있는 유일한 방법은 빨리 지나가거나 소멸되기를 기다리는 것뿐이다. 태풍처럼 슬럼프도 수많은 상처를 남긴 채 지나간 것에 불과하다.

슬럼프 없이 이기는 방법

태풍을 이기는 사람이 없듯이 슬럼프를 이길 수 있는 사람도 없다. 슬럼프를 이기는 가장 좋은 방법은 슬럼프가 오지 않도록 사전에 막는 것뿐이다. 그러면 슬럼프를 극복할 필요도, 이겨 낼 필요도, 견뎌 낼 필요도 없다. 슬럼프는 공부하지 않아서 오는 '불안감'이라고 말한 것처럼 꾸준히 공부하면 불안감도 없고 슬럼프도 없다. 문제는 어떻게 공부를 꾸준히 해 나가느냐이다.

억지 공부나 시간 때우기 공부는 슬럼프의 직접적인 원인이 된다. 효율을 무시하고 노동하듯이 하는 공부는 역효과를 불러일으킨다. 지금까지 해 온 모든 공부는 슬럼프를 부르는 공부였다. 한쪽에서는 슬럼프를 부르고 다른 한쪽에서는 슬럼프를 극복하는 방법을 논한다면 그야말로 병 주고 약 주는 꼴이다.

"그들의 정신은 본받되 그들의 행위는 본받지 마라."

공부의 롤모델을 선택하는 건 매우 중요하다. 밤새워 가며 공부해서 성공한 사람을 롤모델로 삼지 마라. 임전무퇴의 자세로 결연한 의지를 앞세워 치열하게 공부와 싸워 이긴 사람도 롤모델 후보에서 빼라. 그들의 정신은 본받되 그들의 행위는 본받지 마라. 섣부르게 따라 했다가는 뇌만 지치면서 슬럼프를 더 빨리 불러들이고 만다. 그동안의 좌절로도 충분하다.

자신을 채찍질하기 위해 책상머리에 공부 명언을 붙여 놓는데, 공부 명언도 훌륭한 멘토 역할을 할 수 있다. 공부를 위한 훌륭한 자극제가 되기도 한다. 하지만 내용에 따라서 잘못 선정한 롤모델처럼 공부에 독이 될 수도 있다. 인터넷에서 공부 명언을 검색해 보면 섬뜩한 문구들을 쉽게 만난다.

일부 공부 멘토들은 나도 했으니 너도 된다는 식으로 몰아세운다. 그들이 내뱉은 말이 공부 명언으로 확대 재생산되고 있는 것이다. 어떻게 해서든 공부에 전념시키려는 심정이야 이해되지만 공부 때문에 전전긍긍하는 학생들 입장에서 보면 반짝 효과만 있는 자극적인 독설에 불과하다. 그런 독설로 변화되는 예는 극히 드물기 때문이다.

예를 들면 실패했을 때 실망할 가족들을 떠올려 보라고 한다든지, 공부도 못하면서 자존심만 세다든지, 그렇게 공부해서 세상을 어떻게 살아가려느냐고 다그치는 식이다. 두 시간 공부 약속도 못 지키면서 앞으로 어떻게 큰일을 하겠느냐는 것이다. 이 같은 부정의 메시지는 잠깐 동안 뇌를 충격에 빠뜨리고 각성시키는 효과가 있을 것이다. 하지만 근본적인 행동의 변화를 이끌어 내기 힘들 뿐 아니라 자신의 처지를 비관적으로 바라보게 만들어서 공부 의욕을 떨어뜨릴 수 있다. 공부 명언이 필요한 경우 의지가 없어서라기보다는 방법을 모르는 것인데 독설이 방법까지 깨우쳐 줄 수는 없기 때문이다.

스탠포드대학의 심리학자 앨버트 반두라(Albert Bandura)는 자기 행동의 결과로 목표를 달성하고 과업을 수행할 수 있다고 믿거나 판단하는 것을 '자기효능감'이라고 정의했다. 위의 예와 같이 부정적인 자극은 행동의 결과, 즉 공부 성과가 잘 나오지 않을 때 자기효능감을 떨어뜨릴 수 있다. 반두라는 긍정적 자기 대화의 필요성을 언급하면서 다음과 같이 강조했다. "사람이 행동해서 원하는 결과는 얻을 수 있고 원하지 않는 결과는 예방할 수 있다고 생각하지 못하면 행동할 의욕이 없어진다. 어떤 요인이 동기가 된다고 해도 그 요인은 원하는 결과를 낳을 수 있다는 기본 믿음에서 나온다."

반두라의 말은 뇌신경학에서 말하는 뇌의 특성과 정확히 일치한다. 우리의 뇌는 할 수 있을 것 같고 하면 잘할 것 같은 일은 막대한 에너지를 써서 어떻게 해서든 성취하려 하지만, 반대로 해 봐야 안 될 것 같은 일은 아예 에너지를 차단함으로써 낭비를 줄인다는 것이다.

공부하는 방법도 모르는 상태에서 듣는 반복적인 독설과 부정적인 말은 뇌에 부정의 피드백을 준다. 공부를 더 어렵고 힘든 괴물로 만들어 버리는 결과를 낳는 것이다. 그 와중에 하는 억지 공부와 시간 때우기 공부는 슬럼프로 가는 지름길이다.

사회학자 로버트 머튼(Robert Merton)이 처음 사용한 '자기 충족 예언'이라는 구성 개념도 자기효능감과 밀접한 관계가 있다. 자기 충족 예언은 자기가 예언하고 바라는 것이 실제 현실에서 충족되는 방향으로 이루어지는 현상을 말한다.

머튼은 저서 《사회 이론과 사회 구조》에서 가상의 은행 부도 사태를 예로 들었다. 그가 설정한 시나리오를 보자. '1930년대 대공황기, 건실한 은행이 평상시와 달리 많은 고객으로 붐비고 있다. 고객들은 은행의 재정 상태에 의문을 품고 불안감에 돈을 인출하기 시작한다. 이는 곧 은행 파산이 임박했다는 뜬소문으로 확대되어 더 많은 인출 사태를 빚는다. 결국 건실한 은행이 부도를 맞는다.'

부정의 피드백을 계속 받으면 뇌는 그것을 현실로 인정하기에 이른다. 머리가 나빠서 공부를 못한다고, 그래서 자신은 아무것도 못할 거라는 자기 암시는 결국 현실이 될 것이다. 실제로 많은 학생이 머리가 안 따라 줘서 공부를 못한다고 생각한다. 누구나 공부를 잘할 수 있다고 아무리 말해 봐야 코웃음밖에 안 친다.

억지 공부는 뇌를 혹사시킨다. 부정의 피드백도 뇌를 부정의 메커니즘으로 연결시킨다. 뇌를 살려야 한다. 뇌가 맘 편하게 공부할 수 있도록 뇌에게 기회를 주어야 한다. 뇌가 제 기능을 하지 못하는 순간 공부는 물 건너가고 만다.

노력만으로는 안 된다. 아무리 자극적인 말로 채찍질해도 그때뿐이다. 달리는 말에 채찍질을 한다. 그러나 마지막 전력질주를 해야 할 때만 채찍을 쓴다. 초장부터 채찍을 썼다가는 말이 진짜로 힘을 써야 할 때 의욕을 상실하고 말 것이다. 불행한 공부는 불행한 결과를 낳는다. 뇌를 모르면 불행한 공부를 할 수밖에 없다.

다행히 머튼이 정의한 자기 충족 예언은 긍정적인 부분에도 동일하게 작용한다. 우리가 뇌를 속여야 하는 이유도 그 때문이다. 자기 충족 예언을 긍정적인 기대에 적용하여 성공한 예는 얼마든지 있다. 세계적인 베스트셀러《조직화의 천재들》을 집필한 워렌 베니스(Warren Bennis)와 패트리샤 워드 비더만(Patricia Ward Biederman)은 개인이나 집단이 위대한 업적으로 세계를 바꿀 수 있었던 것은 그들이 '할 수 없는 것은 없다'고 생각했기 때문이라고 했다.

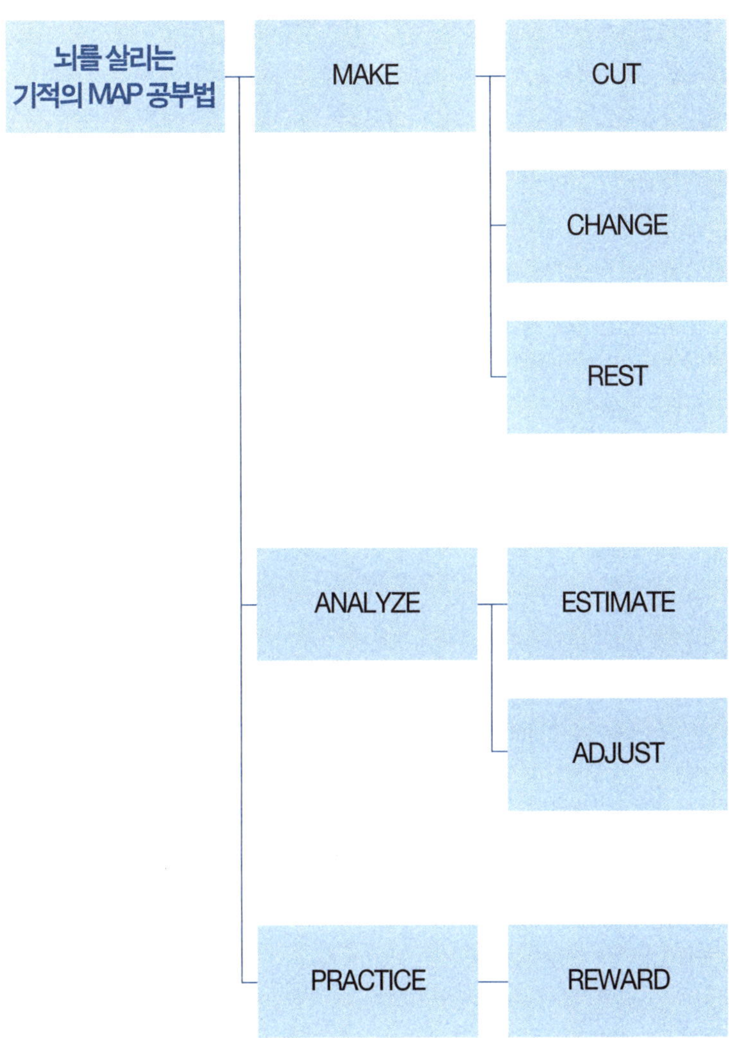

뇌를 살리는 기적의 MAP 공부법
MAKE
CUT
CHANGE
REST
ANALYZE
ESTIMATE
ADJUST
PRACTICE
REWARD

수업일지

수업일지		년　월　일　요일		
수업		**단원**	**핵심 요약 정리**	
1				
2				
3				
4				
5				
6				
7				
8				
비고				

1 SET	마음 준비	START	1Q	2Q	3Q	4Q	합계(세트/일계 누적)
과목	1분	시간					SET 점수 TOTAL 점수
		집중도	1 2 3 4 5	1 2 3 4 5	1 2 3 4 5	1 2 3 4 5	
2 SET	마음 준비	START	1Q	2Q	3Q	4Q	합계(세트/일계 누적)
과목	1분	시간					SET 점수 TOTAL 점수
		집중도	1 2 3 4 5	1 2 3 4 5	1 2 3 4 5	1 2 3 4 5	
3 SET	마음 준비	START	1Q	2Q	3Q	4Q	합계(세트/일계 누적)
과목	1분	시간					SET 점수 TOTAL 점수
		집중도	1 2 3 4 5	1 2 3 4 5	1 2 3 4 5	1 2 3 4 5	
4 SET	마음 준비	START	1Q	2Q	3Q	4Q	합계(세트/일계 누적)
과목	1분	시간					SET 점수 TOTAL 점수
		집중도	1 2 3 4 5	1 2 3 4 5	1 2 3 4 5	1 2 3 4 5	
5 SET	마음 준비	START	1Q	2Q	3Q	4Q	합계(세트/일계 누적)
과목	1분	시간					SET 점수 TOTAL 점수
		집중도	1 2 3 4 5	1 2 3 4 5	1 2 3 4 5	1 2 3 4 5	
6 SET	마음 준비	START	1Q	2Q	3Q	4Q	합계(세트/일계 누적)
과목	1분	시간					SET 점수 TOTAL 점수
		집중도	1 2 3 4 5	1 2 3 4 5	1 2 3 4 5	1 2 3 4 5	
7 SET	마음 준비	START	1Q	2Q	3Q	4Q	합계(세트/일계 누적)
과목	1분	시간					SET 점수 TOTAL 점수
		집중도	1 2 3 4 5	1 2 3 4 5	1 2 3 4 5	1 2 3 4 5	
8 SET	마음 준비	START	1Q	2Q	3Q	4Q	합계(세트/일계 누적)
과목	1분	시간					SET 점수 TOTAL 점수
		집중도	1 2 3 4 5	1 2 3 4 5	1 2 3 4 5	1 2 3 4 5	
9 SET	마음 준비	START	1Q	2Q	3Q	4Q	합계(세트/일계 누적)
과목	1분	시간					SET 점수 TOTAL 점수
		집중도	1 2 3 4 5	1 2 3 4 5	1 2 3 4 5	1 2 3 4 5	
10 SET	마음 준비	START	1Q	2Q	3Q	4Q	합계(세트/일계 누적)
과목	1분	시간					SET 점수 TOTAL 점수
		집중도	1 2 3 4 5	1 2 3 4 5	1 2 3 4 5	1 2 3 4 5	

※ 별책《스터디 MAP 다이어리》를 활용하시면 더욱 효과를 보실 수 있습니다.

2부

뇌를 살리는 공부

기적의 MAP 공부법

성장은 고정관념과 벌이는 총성 없는 전쟁이다. 익숙하고 편한 것은 우리를 눌러앉힌다. 우리의 뇌는 모든 생활의 메커니즘을 습관으로 만들어 버리려고 한다. 익숙하지 않은 것은 불편하다. 뇌는 그것을 참을 수가 없다. 어떻게 해서든 적응해서 무의식적으로, 아무 힘도 들이지 않고 부지불식간에 해결하려고 한다.

공부는 더 그렇다. 뇌의 입장에서는 공부를 잘하고 못하고가 중요한 것이 아니다. 습관으로 지속되게 만들어서 자동으로 공부가 진행되면 되는 것이다. 매일 무미건조하게 학교에서 집으로 왔다 갔다 하는 통학 기계로 만들려 하는 것이다. 그 사실을 인식하지 못하면 뇌에 속아서 뇌가 원하는 삶을 살게 되어 있다. "생각한 대로 살지 않으면 사는 대로 생각하게 된다."라는 폴

발레리의 말이 바로 그런 의미다.

　해방 이후 강산이 수차례나 바뀌었다. 그런데도 공부에 대한 생각, 공부에 대한 고정관념이 깨질 줄을 모른다. 먹고살 만하니까 돈을 먹고 자라서 오히려 더 단단해졌다. 나도 처음에는 그 생각을 따랐다. 그 길이 유일한 길이라고 여겼다. 그 길에서 벗어나거나 밀려나는 것은 생각조차 할 수 없는 일인 데다 그것이 곧 패배요 몰락이라고 생각했다.

　공부는 고정관념을 허무는 데서 시작해야 한다. 고정관념에 사로잡혀 있는 한 자신을 위한 '자기 공부'는 할 수 없다. 부모를 위한 공부, 입시를 위한 공부, 취업을 위한 공부란 있을 수 없다. 그런 것들은 스스로 한 '자기 공부'의 결과로 따라오는 것이어야 한다.

　MAP 공부법은 고정관념을 깨뜨리고 '자기 공부'가 가능하도록 유도하는 자기 주도 학습법이다. MAP 공부법은 뇌를 살리는 기적의 공부법이다.

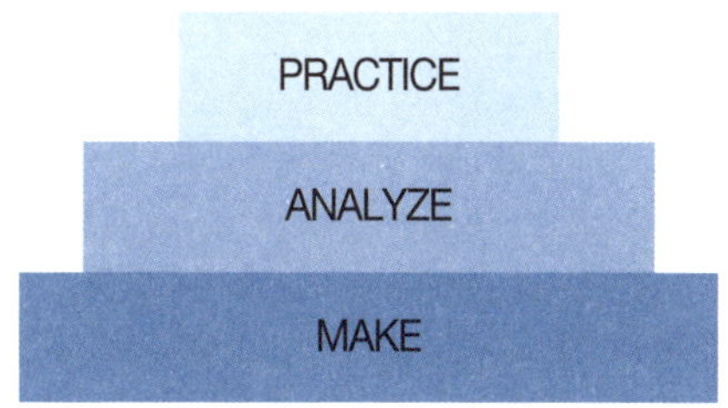

MAP 공부법 : MAKE(만들어라), ANALYZE(분석하라), PRACTICE(실행하라)

　MAP 공부법은 단순한 공부법 이론이 아니다. 실행에 바로 옮기는 구체적이고 실천적인 공부법이다. MAP 공부법은 세 가지 핵심 내용으로 이루어져 있다. MAP은 Make(만들어라), Analyze(분석하라), Practice(실행하라)의 앞 글자를 따서 만들었다. MAP 공부법은 말 그대로 공부 지도를 제시한다. 실제로 당신이 어떻게 살아가는지 한눈에 보여 주는 뇌지도이기도 하다. 이 책을 따라가며 적용해 보면 당신도 뇌를 살리는 공부의 묘미에 빠져들 것이다.

4장
MAP 공부법 첫 번째, MAKE(만들어라)

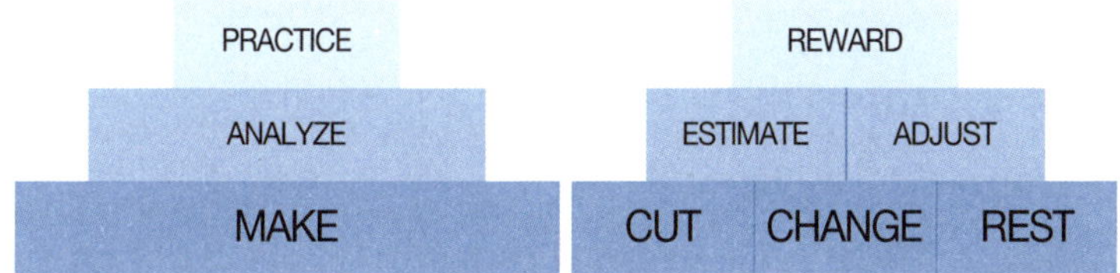

스몰 데이터를 기반으로 하는 MAP 공부법

현대 사회는 정보 사회다. 정보는 데이터다. 우리는 데이터 시대를 살아가고 있다. 특히 2000년대에 들어서면서 빅 데이터 시대가 열렸다. 빅 데이터(big data)란 기존 데이터베이스 관리 도구로 데이터를 수집, 저장, 관리, 분석하는 역량을 넘어서는 대량의 정형 또는 비정형 데이터 집합 및 이러한 데이터에서 가치를 추출하고 결과를 분석하는 기술을 의미한다.

빅 데이터가 정치, 경제, 사회, 문화 전반에 막대한 영향을 미치고 있다. 특히 2008년 미국 대통령 선거에서 버락 오바마 후보가 빅 데이터를 기반으로 유권자 성향 분석, 유권자 투표 예측을 통해 '유권자 지도'를 만들고 '유권자 맞춤형 선거 전략'을 전개하여 효과적인 선거를 치른 것이 대표적인 사례다.

빅 데이터는 개인의 사생활, 정보, 성향 등이 노출되며 이것을 분석하고 통제함으로써 권력을 독점한다는 비판에도 불구하고 우리 생활 전반에 걸쳐 다양하게 활용되고 있다. 누가 더 많은 정보를 가졌는가, 혹은 누가 더 믿을 만한 최신 정보를 확보했는가가 경쟁에서 우위를 점하는 기준이 되었다.

그런데 이제는 빅 데이터를 넘어 스몰 데이터의 시대가 열리고 있다. 빅 데이터가 정보 홍수 속에서 필요한 정보들만 찾아 활용하는 것이라고 한다면, 스몰 데이터는 건강, 취향, 개인의 필요 같은 생활 양식에서 비롯된 소소한 행동으로부터 얻을 수 있는 정보라 할 수 있다. 일상에서 흔히 사용하는 스마트폰이나 스마트워치, 태블릿PC 같은 스마트 기기나 웨어러블 제품, 포스트잇 같은 혁신적인 제품 혹은 서비스는 빅 데이터가 아닌 스몰 데이터의 결과물들이다.

세계적인 브랜딩 컨설턴트 마틴 린드스트롬(Martin Lindstrom)도 소비자의 니즈(needs)를 정확하게 파악하기 위해서 필요한 것은 빅 데이터가 아니라 스몰 데이터라고 말한다. 소비자는 감성을 자극하는 브랜드에 이끌리는데 그 감성의 영역이 소비자의 니즈가 되기 때문이라는 것이다.

그렇다면 공부는 어떤가. MAP 공부법은 대표적인 스몰 데이터 공부법이다. 공부도 다른 분야와 마찬가지로 데이터가 필요하다. 린드스트롬이 말한 것처럼 공부에서 성공하려면 가장 먼저 알아야 하는 것이 니즈다. 그것을 알려 주는 것은 데이터뿐이다. 내가 MAP 공부법을 창안한 것도 소비자인 학생들의 니즈가 두뇌를 기반으로 한 균형 잡힌 효율 학습이라는 것을 정확하게 파악했기 때문에 가능한 일이었다.

MAP 공부법은 공부하는 사람에게 반드시 필요한 데이터를 제공한다. MAP 공부법에 결정적인 영감을 불어넣은 것은 가계부였다. 우리가 몰랐으나 이전부터 많은 사람이 사용해 왔고 지금도 사용하는 대표적인 스몰 데이터가 바로 가계부다. 가계부는 스몰 데이터가 갖춰야 하는 모든 걸 가지고 있다. MAP 공부법과 가계부는 무슨 상관이 있을까.

가계부와 MAP 공부법

가계부를 열심히 쓴 적이 있다. 처음 가계부를 쓰면서 가진 의문은 '도대체 저질러진 일을 기록해서 뭐하지?'였다. 가계부는 수입과 지출을 기록하는 장부다. 대부분의 가정은 수입보다 지출이 많은 게 현실이다. 수입은 고정인 데 반해 지출은 변수가 너무 많다. 그래서 가계부가 필요한 것이다. 가계부를 열심히 쓴 결과 가정 경제를 살리기 위해서 왜 반드시 가계부를 써야 하는지 그 이유를 깨달았다.

가정 경제의 핵심은 역시 수입과 지출이다. 지출은 수입이 허락하는 범위에서 이루어져야 한다. 월수입은 100만 원인데 200만 원을 지출한다면 그 가정 경제는 곧 파탄에 이를 것이다. 경영자는 가계부를 통해 수입과 지출의 규모를 정확하게 파악할 수 있고 돈을 써야 할 때와 아껴야 할 때를 판단할 수 있다. 아이가 1,000원만 달라고 아무리 사정해도 절대 불가였던 어머니가 어느 날은 가족들을 대동하고 외식을 하는 것도 가정 경제를 훤히 들여다보기 때문에 가능한 일이다. 써야 할 때와 아껴야 할 때를 정확히 판단한 것이다. 바로 이것이 가계부가 주는 가장 큰 유익이다.

공부도 마찬가지다. 공부하는 사람은 시간으로 장사하는 사람이다. 그런데 대개는 시간관념이 없다. 자신에게 주어진 시간이 얼마인지, 그중 공부에 쓸 수 있는 시간은 몇 시간이나 되는지, 또한 그중 과연 공부는 몇 시간이나 하는지 알지 못한다. 공부를 하더라도 과목별 시간 배정은 어떻게 되는지, 주력 과목을 얼마나 배려하는지, 얼마나 쉬는지에 대한 정보가 전혀 없는 것이다.

공부를 주먹구구식으로 하고 있다. 앞에서 지적한 대로 열심히만 하려고 들지 어떻게 할 것인가에 대한 체계적인 분석이나 연구는 전무한 상태다. 수능시험만 예를 들더라도 공부해야 하는 과목이 한두 개가 아니다. 수능 준비는 서커스에서 자주 보는 접시 돌리기와 매우 흡사하다. 막대기 끝에 많게는 20개에서 30개의 접시를 올려놓고 동시에 돌리는 묘기다. 묘기를 진행하는 서커스 단원은 그 많은 접시를 동시에 돌리느라 주의를 분산시켜서 분주히 움직여야 한다. 특정 접시만 신경 쓰다 보면 이내 모든 접시가 땅바닥에 떨어질 것이기 때문이다.

<환상 서커스–접시 돌리기>, 타그트라움 作

"수능 준비는 접시 돌리기와 같다."

공부도 마찬가지여서 한 과목만 신경 써서 공부하면 열심히 했다고 말할 수 없다. 골고루 모든 과목을 비중에 맞게 분배해야 한다. 그러기 위해서 반드시 필요한 것이 자기 자신에 대한 이해다. 자신이 어떤 스타일로 공부하는지 알지 못하면 접시를 모두 땅에 떨어뜨리는 것처럼 모든 노력이 수포로 돌아갈 확률이 매우 높다. MAP 공부법은 데이터, 특히 스몰 데이터를 통해 자신의 문제를 발견하고 그 문제를 해결하는 방향으로 이끄는 두뇌 기반 공부법이다. 지금부터 하나씩 MAP 공부법의 원리를 파헤쳐 보자.

1) 무엇을 만들 것인가

세월은 가도 기록은 남는다. 기록으로 데이터를 만들어라

모든 것을 기록해야 한다. 가계부 쓰기에 성공하려면 "저 사람은 가계부 쓰려고 돈 쓰나 봐."라는 말을 들을 정도가 되어야 한다. 마찬가지로 자신에게 유의미한 데이터를 남기려면 일거수일투족 모두 기록하는 것이 필요하다. 물론 기록하는 습관이 안 들었다면 다소 어렵게 느껴질 수도 있지만 약간의 연습으로 누구나 극복할 수 있다. 분명한 사실은 어려운 공부를 억지로 하는 것보다 100배는 쉬운 일이라는 점이다.

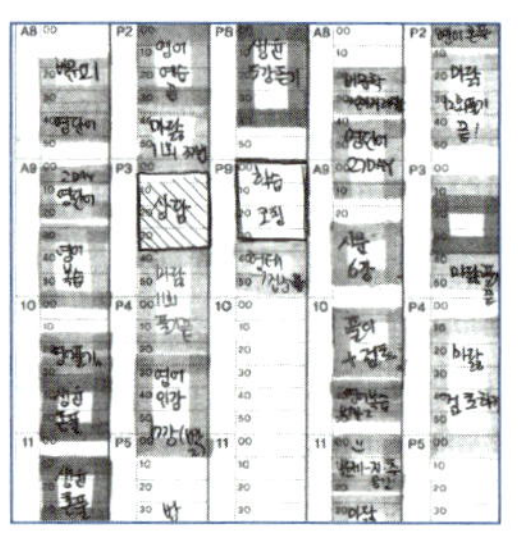

[그림 1]
스터디 MAP 다이어리(구형)를 사용한 학생의
사례에서 발췌한 부분

아무튼 "쟤는 데이터 만들려고 공부하나 봐."라는 소리를 들을 각오를 해야 한다. 항상 기록 노트 혹은 다이어리를 끼고 다녀야 한다. 그림 1처럼 우선 하루를 10분 단위로 기록하는 도구가 필요하다. 줄이 있는 연습장이나 노트를 활용해도 좋다(부록에 실린 양식을 사용하거나 시판 중인 스터디 MAP 다이어리를 구매해서 사용하면 된다). 예를 들어 오전 6시에 기상했다면 6시에 줄 긋고 기상이라고 쓰면 된다. 여기서 시작이다. 어떤가. 쉽지 않은가? 밥 먹고 씻고 좀 쉬다가 8시에 영어 공부를 시작했다면 8시에 줄 긋고 6시와 8시 사이에는 식사, 세면, 휴식이라고 쓴 뒤 8시 아래에 영어라고 쓰면 그만이다. 참 쉽다. 이처럼 10분 단위로 일과를 모두 기록하면 되는 것이다.

주의할 점은 모든 것을 처음부터 완벽하게 해야 한다는 생각은 절대 하지 말라는 것이다. 일단 시작했으면 그것만으로도 대성공이다. 시작도 중요하지만 지속하는 것이 몇 배는 더 중요한데 너무 완벽을 기하려다 보면 실패할 확률이 높아지기 때문이다.

또 한 가지 주의할 점은 성공만 기록해서는 안 된다는 것이다. 정확하고 유익한 데이터를 얻으려면 자신의 약점이 많이 드러날수록 유리하다. 실패한 점을 가감 없이 기록하는 게 매우 중요하다. 우리는 자신의 실패와 마주하는 것을 싫어한다. 실패를 인정하려면 용기가 필요하다.

사소한 실수라도 용기 있게 마주해 나갈 때 성장과 성찰이 있는 공부를 시작할 수 있다. 공부를 잘하려면 외면할 수 없는 매우 중요하고 실제적인 부분이다. MAP 공부법은 내면의 성장과 자아의 성찰에서 시작되는 공부법이다. 혹자는 비현실적이고 이상적인 이야기라고 하겠지만, 내 경험상 가장 실제적인 방법임이 틀림없다.

열심히 공부하라는 말은 안 한다고 했다. 지금도 유효하다. 그러나 기록은 열심히 하라. 열심히 기록할수록 건질 것이 많아진다. 모두 당신 자신을 위한 일이다. 누가 대신해 주지 않는다. 밑에 깔린 돈이 숨을 못 쉴 정도로 부자여서 매니저를 두고 매시간 코칭과 가이드를 받아 가며 공부할 처지가 아니라면 이 방법밖에 없다. 자기 주도 학습은 자기가 공부의 주체가 되어 자기를 경영하는 것이다.

단순하지 않은 작업이다. 그러나 약간만 연습하면 누구나 공부의 고수가 될 수 있다. 남의 손에 이끌려서 하는 공부는 이제 그만 해야 한다. 다른 사람을 위해 하는 공부도 접어야 한다. MAP 공부법이야말로 자기 주도 학습의 절정이다. 누구나 그렇게 할 수 있어야 하고, 실제로 할 수 있다. 지금부터 기록하라. 기록하고 또 기록하라. 데이터가 쌓이면 더 이상 공부하라는 말을 듣지 않아도 된다. 이거 해라 저거 해라 잔소리 들을 일도 없어진다.

MAKE의 세 가지 기본 축 : CCR(Cut, Change, Rest)

이제 MAP 공부법의 핵심을 이야기하고자 한다. 공부에 어려움을 겪는 이유는 가장 기본이 되는 세 가지를 무시한 데서 비롯된다. 바로 CCR이다. 데이터는 CCR을 토대로 만들어야 한다. 데이터를 뽑는 이유는 CCR이 원활하게 실행되는지를 관리 감독하기 위함이다.

공부에서 CCR처럼 쉬우면서 철저히 외면되는 방법도 없을 것이다. CCR은 CUT, CHANGE, REST, 즉 자르고 바꾸고 쉬라는 말이다.

CCR = CUT(자르고) + CHANGE(바꾸고) + REST(쉬어라)

우리는 도대체 자를 줄을 모른다. 수학 한번 잡으면 두세 시간은 기본이다. 바꿀 줄도 모른다. 많은 학생이 오전 수학, 오후 영어, 저녁 국어 하는 식으로 공부한다. 쉴 줄은 더더욱 모른다. 공부해야 되는데 쉴 시간이 어디 있느냐고 하면서도 야금야금 쉰다. '나름 열심히 했으니까 좀 쉴까?' 하면서 막 쉰다. 얼마나 쉬는지도 모르고 있다. 어느덧 공부를 하는 것인지 쉬는 것인지 분간하기도 힘들어진다.

2) 왜 만들어야 하는가

마인드맵은 영국의 토니 부잔이 브리티시컬럼비아대학원 시절에 개발한 창의력 학습 도구다. 공부할 때 마인드맵을 활용하면 좋은 성과를 올릴 수 있다. MAP 공부법의 장점들은 직접 만든 데이터를 기반으로 한다는 점에서 마인드맵과 매우 유사하다.

MAP 공부법에 의한 데이터를 만들어야 하는 첫 번째 이유는 다양한 어휘와 이미지, 숫자, 색상, 공간 지각 능력 같은 요소들을 골고루 사용함으로써 두뇌 피질의 전 기능을 효과적으로 사용하는 강력한 학습 도구이기 때문이다.

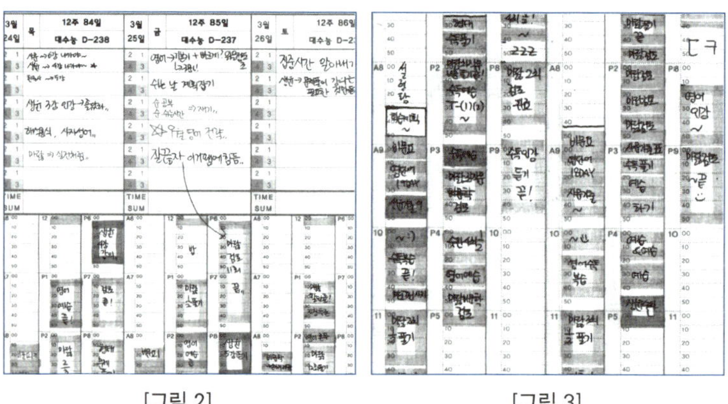

[그림 2]　　　　　　　　　　[그림 3]

그림 2와 그림 3처럼 활용 방법에 따라 다양한 색상이나 이미지, 숫자와 문장으로 꾸밀 수 있다. 이러한 작업을 통해 뇌의 전 영역을 고루 사용함으로써 창의력을 향상시키고 인식 능력과 조직 능력을 키우는 것이다. 이러한 능력이야말로 문제를 발견하고 문제를 해결하는 역량과 직결된다. 시간을 조직하고 운영하고 분석하는 능력이 MAP 공부법이 추구하는 핵심 능력이다. MAP 공부법이야말로 뇌를 살리는 두뇌 기반 공부법이라고 말하는 이유다.

 공부하는 데 정신이 팔려 잊어버리기 쉬운 하루의 일상과 공부의 결과 또는 생각들을 시각적으로 표현할 수 있기 때문이다. 마인드맵을 통해 정보를 시각화하여 전체 조망을 가지고 세부 사항에 집중하듯이 MAP 공부법을 이용하면 내가 직접 그리는 '나의 뇌지도'를 완성할 수 있다. 뇌지도는 좌뇌와 우뇌 모두 조화롭게 사용함으로써 균형 잡힌 시각으로 객관적인 '나'를 바라보게 해 준다. 단 한 장의 기록으로도 삶 전반을 비추는 데이터를 만들 수 있다는 것이 MAP 공부법의 장점이다.

 바로 자신감 때문이다. MAP 공부법의 가장 큰 장점이라고 할 수 있다. 데이터를 통해 MAP 공부법을 실생활에 적용하기 시작하는 순간부터 시간을 효율적으로 활용한다는 만족감을 얻는다.

MAP 공부법이 자리 잡으면 시간을 자율적으로 관리하는 타임키퍼로서 균형 잡힌 삶을 경험한다. 동시에 공부 욕구 향상과 학습 욕구가 생기는 것을 감지하고, MAP 공부법이 완전히 몸에 배면 복잡한 상황이나 돌발 변수에도 침착한 대처 능력을 갖는 경지에 이른다. 단조로운 입시 생활에서 매일 매 순간 새로운 시각, 새로운 시간활용법을 모색하며 창의적으로 사고하는 것은 물론 상식을 벗어나지 않는 근거와 논리 있는 학습을 정연하게 유지해 나갈 수 있다.

그 결과 자신을 제대로 컨트롤한다는 생각에 자신감이 생기고, 흔히 말하는 입시 중압감이나 입시 스트레스는 더 이상 자신과 상관없는 말이 되는 것이다. 슬럼프는 실체 없는 허구라고 이미 말했다. 그냥 하는 소리가 아니다. 실제로 많은 학생이 슬럼프 없는 입시를 치르고 원하는 대학, 원하는 과에 들어갔다. 내가 주장하는 건 행복한 공부가 행복한 결과를 만든다는 것이다. 이 모든 걸 가능하게 만드는 것이 MAP 공부법이다.

3) 어떻게 만들 것인가

공부가 어려운 이유는 CCR을 무시했기 때문이라고 앞서 이야기했다. CCR만 제대로 실천에 옮겨도 상당한 진전을 경험할 수 있다. 운동에서 가장 중요한 점이 기본기인 것처럼 CCR도 공부의 기본 중 기본이다.

한때 대한민국을 대표하는 농구선수로서 슛도사라고 불린 이충희. 그는 현역 시절에 하루 1,500개 이상의 슛을 던졌다고 한다. 오전 500개, 오후 500개, 저녁 500개. 그것도 모자라 경기가 있는 날은 아침 일찍 경기가 열릴 체육관에서 슛 연습을 했다고 한다. 그는 평상시 갈고닦은 기본기를 바탕으로 농구선수로서는 작은 키(182센티미터)와 마이너스의 나쁜 시력을 극복할 수 있었던 것이다.

기본기에 대한 강조는 두말하면 숨차다. 잘 연마된 기본기는 결정적인 순간에 위력을 발휘하는 법이다. 한국 축구의 고질은 문전 처리 미숙으로 지목되어 왔다. 역시 가장 큰 이유가 기본기 부족이다. 유소년 시절부터 눈앞의 승부에만 집착하느라 기본기를 등한시한 결과다.

CCR은 공부의 기본기다. 공부 근육을 키우는 기초 트레이닝인 셈이다. 이 책은 그런 의미에서 공부의 기본을 코칭하는 공부 근육 트레이너라고 할 수 있다. 지금부터 누구나 쉽게 따라 할 수 있는 기본기를 배워 보자. 적응 시간은 평균 2주에서 최대 2개월까지 걸리지만 집중도에 따라 그 시기를 상당히 앞당길 수 있다. 어떤 학생은 코칭 하루 만에 MAP 공부법을 전격적으로 적용하기도 하는데, 일찍 시작할수록 유리한 것은 두말할 필요도 없다.

MAP 공부법의 성공 열쇠는 CCR이 쥐고 있다. 거창한 시작은 실패의 지름길이다. 스몰 스타트, 스몰 스텝이다. 꼭 기억하기 바란다. 특히 기록하는 게 약점이라면 반드시 기억해야 한다. 하루에 한 줄만 써도 괜찮고 일주일에 하루만 써도 무방하다. 어떻게 해서든 CCR을 내 것으로 만들어라.

우리는 보통 월요일부터 목요일까지 아무것도 쓴 것이 없으면 금요일에 쓸 것이 있는데도 망설인다. 일종의 완벽주의라고나 할까. 월요일부터 빼곡하게 기록되어 있으면 신나서 쓰겠지만 월요일부터 썰렁하게 빈 다이어리가 보기 좋을 리는 없다. 결국 쳐다보기도 싫어지고 만다. 한마디로 쓸 맛이 안 난다는 말이다. 이해한다. 그냥 받아들이자. 누구나 겪는 일이니 무시하자. 지극히 정상이라고 생각하자.

MAP 공부법이 만병통치약은 아니다. 제아무리 MAP 공부법이라도 가만히 있어서는 아무런 변화가 생기지 않는다. 최소한의 공부 의지, 공부 욕구가 필요하다. 앞으로도 계속 이야기하겠지만 이 책을 읽어 가면서 그때그때 실행에 옮긴다면 그 문제는 자연스럽게 해결되리라 믿는다. 그러니 일단 써야 한다. 그 최소한의 공부 욕구를 가지려면 한 줄이라도 자신의 손으로 직접 기록하는 것이 필요하다. 방황의 시간은 짧을수록 좋겠지만 한 줄 한 줄 쓰다 보면 어느새 아름답게 장식된 다이어리를 갖게 될 것이다. 포기만 하지 않는다면 말이다.

MAP 공부법은 일차로 공부가 하고 싶은데 기초가 없어서 고민하거나 어떻게 해야 할지 몰라 머뭇거리는 사람, 공부는 열심히 하는 데도 번번이 실패하는 사람들이 믿고 쓸 수 있도록 고안한 것이다. 그런데도 막상 코칭 현장에서는 상위권에 있는 학생들이 더 뜨겁게 반응했다.

"나름의 공부 방법이 있었지만,

이제야 비로소 체계적이고 효과적인 공부법을 만났어요."

예기치 못한 반응에 다소 당황했다. 내 경험상 어느 정도 성적이 나오는 학생들은 자신이 해 온 공부 방법을 바꾸는 경우가 흔치 않기 때문이다. 그 학생들은 놀라워하며 말한다.

"나름의 공부 방법이 있었지만, 이제야 비로소 체계적이고 효과적인 공부법을 만났어요."

그들도 어느 정도 성과는 내고 있었지만 공부 때문에 지치고 힘들기는 매한가지였던 것이다.

MAP 공부법은 다양한 학생을 통해서 오랜 시간에 걸쳐 검증된 공부 체계다. 많은 학생이 MAP 공부법의 도움으로 성적도 올리고 원하는 대학에도 갔다. 그것도 슬럼프 없이 여유와 행복을 만끽하면서. 지금도 대학에서, 직장에서 MAP 공부법으로 미래의 일꾼이 되고자 자신을 연마 중인 학생들을 뒤에서나마 응원한다.

이제 당신의 선택만 남았다. 알코올 중독에 마약까지 하며 가정 폭력을 일삼는 아버지 밑에서 자란 쌍둥이가 있었다. 성인이 되어 한 사람은 약물 중독에 생활보호대상자로 살아가고, 다른 한 사람은 성공해서 행복한 결혼 생활을 영위하는 훌륭한 아버지가 되었다. 심리학자가 두 사람을 인터뷰했을 때, 그들은 같은 대답을 했다고 한다.

"그런 가정에서 자라난 내가 이것 말고 할 수 있는 일이 있었겠는가?"

"원래 기록을 잘 못하니까 기록하는 대신 막무가내로 공부하는 것 말고 할 수 있는 일이 있었겠는가?"라고 말할 텐가, 아니면 "기록을 잘 못 하니까 지푸라기라도 잡는 심정으로 열심히 기록해 보는 것 말고 할 수 있는 일이 있었겠는가?"라고 말할 텐가. 선택은 당신의 몫이다. MAP 공부법은 수학은 이래라, 영어는 저래라 하고 말하는 과목별 공부법이 아니다. 그런데 왜 그토록 많은 학생이 입시에 성공한 최대 요인으로 MAP 공부법을 꼽는 것일까. MAP 공부법은 특별하지 않지만 대단한 위력을 발휘하는 핵심 요인이 숨어 있기 때문이다.

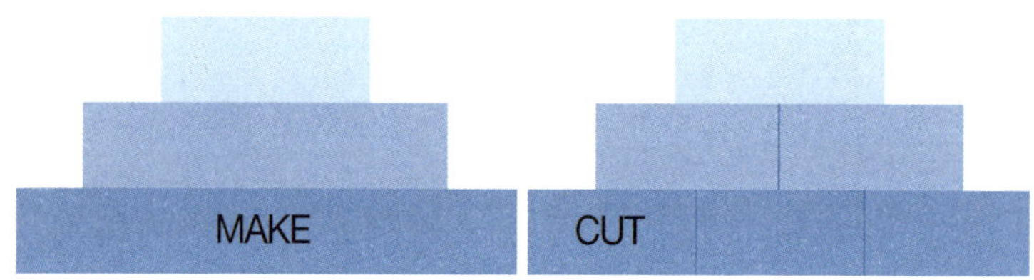

공부에 실패하는 첫 번째 이유는 과목을 자르지 않기 때문이다. 수학 한번 잡았다 하면 두세 시간은 기본이다. 다섯 시간, 여섯 시간까지 하는 경우도 있다. 열심히 공부한다고 스스로 만족하는지 모르겠지만 내가 보기에는 전혀 아니다.

특히 이과생은 내가 그랬던 것처럼 수학 한번 잡으면 두세 시간은 해야 직성이 풀릴 것이다. 사실 어려운 문제 한두 개 풀다 보면 30~40분은 한순간에 지나가니 그럴 만도 하다. 그 한두 문제 풀고 다른 과목으로 넘어가거나 휴식 시간을 가지면 리듬이 끊긴다고 생각한다.

인천에 사는 재수생을 만난 적이 있다. 이과생이었는데 한 시간 동안 상담한 결과 그는 자신의 문제점과 그 해결책을 정확히 발견할 수 있었다. 이과생에게 수학은 전부나 다름없다. 수학이 중요하니까 하루의 시작이 수학 공부였다. 그 공부는 여섯 시간 반이나 이어졌다. 수학이 중요하다 보니까 어쩔 수 없는 선택이었다. 중요하다고 생각할수록 그만큼 실패할 확률도 크다는 사실을 알아야 한다. 중요하다고 생각하는 만큼 부담과 무리수가 따를 여지가 많기 때문이다.

문제는 그다음이었다. 수학 공부를 오래 했으니까 한 시간만 쉬어야지 했으나 책상으로 돌아오는 데 매번 실패한 것이다. 그날 공부는 거기서 끝이었다. 그대로 지쳐서 쓰러져 버리는 생활이 매일 지속되었다. 도대체 국어, 영어, 탐구는 언제 하란 말인지.

많은 학생이 주력 과목에 많은 시간을 배정한다. 이 학생만 보더라도 여섯 시간 반이나 수학만 공부했다지만 정작 그 가운데 제대로 공부한 시간이 얼마나 되는지는 아무도 모른다. 그게 더 심각한 문제다.

아무리 집중했다 해도 두 시간을 넘기지 못했을 것이다. 그런 공부로는 어떤 결과도 기대할 수 없다. 설령 더 많은 시간이 주어졌다 해도 크게 달라지지 않을 것이다. 위 학생이 해야 하는 첫 번째 과제는 과목을 자르는 것이다.

'포모도로 기법'이란 것이 있다.

포모도로 기법(Pomodoro Technique)은 시간 관리 방법론으로 1980년대 후반 프란체스코 시릴로(Francesco Cirillo)가 제안했다. 타이머를 이용해 25분간 집중하여 일한 다음 5분간 휴식하는 방식이다. 포모도로는 이탈리아어로 토마토를 뜻한다. 프란체스코 시릴로가 대학 시절 토마토 모양으로 생긴 요리용 타이머를 이용해 25분간 집중한 후 휴식하는 일처리 방법을 제안한 데서 그 이름이 유래했다. - 위키백과에서

실제로 유럽의 음악 대학은 개인 연습실마다 타이머를 구비해 놓는다고 한다. 30분 연습, 10분 휴식이 생활화된 것이다. 유럽의 음대생들이 한국의 음대생들보다 더 많은 시간을 연습할 수 있는 것도 포모도로 기법 때문이다. 무슨 일을 하든지 처음 그 일을 시작할 때 가장 효율이 높다고 한다. 자주 휴식을 취하면 뇌가 지치지 않을 뿐 아니라 새로운 시작을 자주 하게 되므로 효율을 크게 높일 수 있다.

①	0		60

②	0	30	10분 휴식	40	60

60분 동안 공부한다고 했을 때 ①의 경우는 한 번의 효율 높

은 공부를 기대할 수 있지만 ②의 경우처럼 중간에 10분 휴식을 취하면 적어도 두 번의 높은 효율을 예상할 수 있는 것이다.

MAP 공부법에서 자르는 것은 일종의 포모도로 기법이다. <u>얼마나 오래 했느냐는 전혀 중요하지 않다. 얼마나 집중했느냐가 중요하다.</u> 집중력을 유지하려면 많은 에너지가 필요하다. 쉬지 않고 30분을 집중하기란 결코 쉬운 일이 아니다. 맘먹고 딱 30분만 집중해서 공부해 보라. 상당히 힘들다는 것을 알 수 있다. 현재 집중력 강화 노트를 연구 개발 중인데 많은 학생이 이 개발에 참여하고 있다. 그 학생들이 집중력 강화 훈련을 받으면서 공통적으로 하는 말이 있다. 제대로 하면 20분도 집중하기 힘들다는 것이다.

만일 두 시간 공부했는데도 전혀 힘들지 않았다면 두 시간 동안 전혀 집중하지 않았다는 말이 된다. 귀중한 시간을 허비한 것이다. 시간은 중요하지 않다. 20분도 괜찮고 30분도 괜찮다. 능력만 된다면 한 시간도 좋다(나는 한 과목을 45분 기준으로 15분씩 세 번에 나눠서 집중할 것을 권한다). 정해 놓은 룰은 없다. <u>룰이 있다면 집중력의 한계 내에서 해야 한다는 것뿐이다.</u>

집중력의 한계를 모른다고 말한다면 그만큼 자신에게 관심이 없다는 증거다. 공부의 기본을 망각하고 억지 공부나 시간 때우기 공부에 길들여진 것이다. 그래서 기록이 필요하다. 데이터가 필요하다. MAP 공부법은 그런 사람을 위한 것이다. 데이터가 알려 줄 것이다. 내 집중력의 한계를.

자르기만으로 놀라운 효과를 경험하기도 한다. 모든 과목에서 평균 2등급 이상 향상시켜 한국외국어대 영어과에 입학한 전재완 군은 모든 과목을 짧게 끊어서 공부한 것이 주효했다고 말한다. 학습하는 자세가 몰라보게 달라졌을 뿐만 아니라 공부 지속력도 훨씬 좋아지고 결과적으로 공부를 더 열심히 하게 되었다고 한다.

공정식 군은 작년 4월에 제대해서 7월부터 입시를 시작한 예비역 재수생이었다. 짧은 기간이지만 코칭 시간에 열심히 참석하고 스터디 MAP 다이어리도 부지런히 기록해서 착실하게 데이터를 쌓아 갔다. 그 역시 과목을 짧게 끊어서 공부한 것이 언제나 뇌를 신선한 상태로 만들어 주었다고 한다. 최대 취약점인 효율과 집중력 문제도 MAP 공부법으로 해결할 수 있었고, 무엇보다도 시간 효율을 높일 수 있어서 좋았다고 한다. 나누는 것만으로도 시간 관리가 가능해졌고, 그 덕에 공부 체계를 잡을 수 있어 상당한 도움이 되었다는 것이다. 수능시험에서 틀린 개수가 열 개 이내일 정도로 만족할 만한 성과를 거두어 현재 목포 해양대 국제해사수송과학부에 입학하여 꿈을 키우고 있다.

홍익대 수학교육학과에 우수한 성적으로 입학한 이지현 양의 경우도 마찬가지다. 평상시 공부법에 관심이 많아서 자신에게 맞는 공부법을 찾던 중에 나를 만났다. 그리고 MAP 공부법에 따라 공부했다. 다른 공부법은 '되는 사람들'만을 위한 비현실적인 공부법이었다며, 대부분의 공부법은 적어도 자신에게는 실제적인 방법을 제시하기보다 현실과 동떨어진 이론서에 불과했다고 한다. 반면 MAP 공부법은 자신의 삶을 토대에 둔 데이터를 중심으로 이루어지기 때문에 지극히 현실적일 뿐만 아니라 자신의 삶이 고스란히 드러나기 때문에 문제점을 쉽게 발견할 수 있었다고 한다. 무엇보다 좋은 점은 이전에는 수학 같은 과목을 많은 시간 무리해서 공부했는데 한 시간 단위로 잘라서 공부했더니 몰라보게 효율이 높았다는 말도 잊지 않았다. 그렇게 했더니 더 많은 시간을 힘들이지 않고 공부할 수 있었다고 한다.

과목을 오래 붙들고 있으려 하지 마라. 뇌도 지치고 몸과 마음도 지친다. 그러면 자연스럽게 공부하고 거리가 멀어진다. 무조건 잘라라. 그 길만이 살길이다. 명심하라.

CUT에 관련된 FAQ

Q1 수능시험에서 수학은 100분 동안 시험을 보는데 거기에 적응하려면 최소 100분 이상은 공부해야 하는 것 아닌가요?

A1 많은 학생이 그렇게 생각하는 경향이 있지만 잘못된 생각입니다. 집중력의 한계가 30분인 학생이 100분을 앉아 있다고 해서 집중력이 길러질까요? 오히려 공부에 대한 염증만 심해져서 공부 자체가 더 하기 싫어질 수도 있습니다.

단순히 시험 시간에 맞추어 공부하는 것은 앉아 있기 훈련, 버티기 훈련에 불과합니다. 그것보다는 제한된 시간에 집중하는 법을 배워야 합니다. 그렇게 집중력을 단련한 사람은 시험 당일 100분 동안 집중하는 것쯤 어려운 일이 아닙니다. 실질적으로 집중력을 강화하기 위해 설정 시간을 10분씩 늘려 가는 훈련을 평상시에 하는 것이 더 중요합니다.

Q2 인터넷 강의를 들을 때도 강의를 잘라야 하나요?

A2 그렇습니다. 강의를 듣는 것도 혼자 공부하는 것처럼 많은 집중력을 요구합니다. 어느 순간 집중력이 흐려져서 졸음이 온다든지 딴생각을 하기 쉽습니다. 특히 인터넷 강의는 조금만 부주의해도 강의 효과를 떨어뜨릴 수 있으므로 각별히 조심해

야 합니다. 강의를 자르는 것으로 컨트롤하지 않으면 더 큰 시간 낭비를 초래할 수 있습니다.

예를 들어 60분짜리 강의라면 30분씩 나누어서 2회에 걸쳐 듣는 등 연속해서 듣지 않는 것이 좋습니다. 90분짜리 강의라면 30분씩 3회에 걸쳐 들을 것을 권장하지만 최대 50분과 40분으로 나눌 수 있습니다. 한번 강의 들을 때 최대 50분을 넘기지 말 것을 권합니다. 수학의 경우는 강의와 풀이를 병행하는 경우가 많은데 문제 수를 기준으로 강의를 나눠 듣는 것도 좋은 방법입니다.

Q3 수업 시간도 자를 수 있나요?

A3 물론입니다. 하지만 한참 진행되는 수업을 인터넷 강의처럼 자를 수는 없습니다. 50분 수업의 경우, '20분+15분+15분'과 같이 세 부분 정도로 잘라서 집중도를 평가할 수 있습니다. 처음 20분만 집중하겠다고 다짐합니다. 그리고 20분이 되었을 때 주의를 환기한 뒤 다시 15분 집중하는 방식입니다.

이 방법이 익숙해지면 실제 시험 시간에도 효과를 톡톡히 볼 수 있습니다. 예를 들어 수능에서 국어 시험 시간은 70분입니다. 70분을 '전반전 30분+후반전 30분+연장전 10분'으로 나누어 주의를 환기해 가면서 문제를 풀면 집중력을 유지할 수 있습니다.

CCR 2단계, Change : 바꿔라

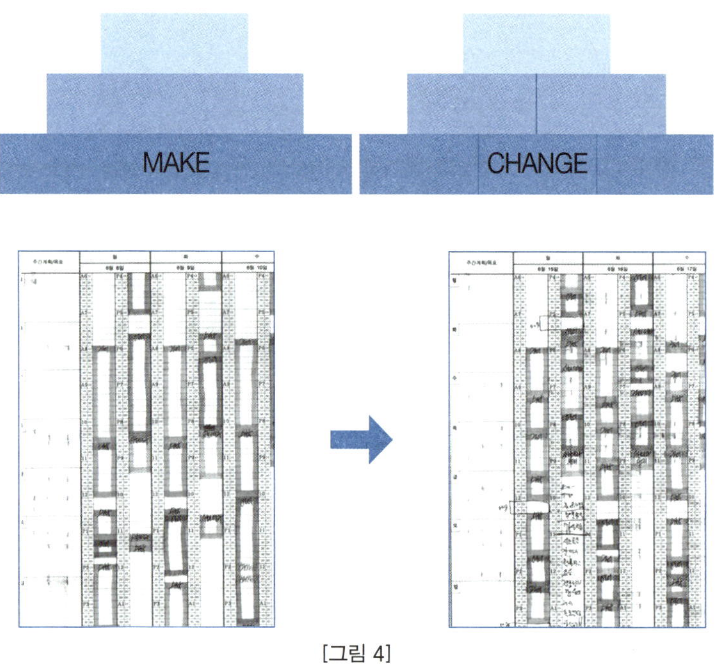

[그림 4]

왼쪽 그림만 본다면 누가 봐도 열심히 공부했다고 말할 것이다. 내 생각은 다르다. 다이어리에 나타난 바로는 하루 종일 공부한 것이 맞지만 그사이에 얼마나 실질적인 공부가 있었는지는 아무도 모른다. 이 학생은 코칭을 받고 바로 적용해서 좋은 성과를 올린 대표 케이스다. 오른쪽 그림을 보면 아직 완전히 적응되지 않은 상태에서도 나누고 바꾼 흔적이 뚜렷하게 드러난다. 이 학생은 MAP 공부법으로 더 많은 시간을 힘들이지 않고 효과적으로 공부할 수 있었다.

과목을 잘랐으면 이제는 바꿀 차례다. 효과적인 공부가 되려면 잘 바꿔야 한다. 모든 과목을 잘랐으면 이젠 순서 배열의 문제를 해결해야 한다. 야구에 비유하자면 상대 투수가 누구냐에 따라 타순을 바꿔 주는 것과 같다. 야구감독의 고유 권한이 바로 타순 배열이다. 타자의 순서를 바꾸는 것이 승부에 큰 변수로 작용하는 경우를 어렵지 않게 볼 수 있는데, 감독이 그날 기분에 따라 바꾸는 것이 아니다. 야구야말로 데이터에 살고 데이터에 죽는 스포츠다.

마찬가지로 과목을 바꾸는 데도 최소한의 원칙들이 있는데 자신이 가진 데이터의 양과 질에 따라 효과가 크게 달라진다. 과목을 바꾸는 요령은 간단하다. 간섭 배제의 원칙이다. 국어를 공부했으면 그다음에 영어보다는 수학이나 과학처럼 전혀 다른 영역의 공부를 하는 것이다. 만약 주력 과목(취약 과목이나 최우선 해결 과목)이 수학이라면 오전에 '수-영-수-국-수-탐', 점심 식사 후에는 '수-국-수-영-수-탐-수', 저녁 식사 후에는 '수-영-수-국-탐' 같은 방식으로 공부하는 것을 말한다.

바꾸는 원칙은 뇌의 특성에 기반을 두는 것이다. 과목을 바꿔줌으로써 뇌에 걸리는 부하를 최대한 분산하는 효과를 얻을 수 있다. 뇌란 존재는 특이하게도 수학 공부를 할 때 활성화되는 부위와 영어를 공부할 때 활성화되는 부위가 다르다. 수학을 공부할 때는 영어 뇌가 쉬고, 영어를 공부할 때는 수학 뇌가 쉰다는 말이다.

과목 간에 전략적으로 거리를 둠으로써 휴식 기간을 통해 계속 집중할 수 있는 에너지를 확보하고, 관련 없는 과목을 적절히 배치함으로써 간섭을 배제하여 학습 효과가 이어지도록 할 수 있다. 이 방법은 일종의 레미니선스 효과(망각의 역현상逆現象, 학습한 직후보다 일정한 시간이 흐르고 나서 더 많이 기억할 수 있는 현상-《두산백과사전》)와 유사한 분산 학습의 형태를 가지고 있다.

분산 학습이란 일정량의 학습을 적당한 휴식(한 시간 학습에 10분 휴식)을 취하며 나누어 학습하는 방법을 말한다. MAP 공부법의 CCR은 분산 학습에서 한 걸음 더 나아가 자신에게 적합한 시간을 데이터를 통해 확인하고 강화하면서 집중력의 한계를 늘려 가는 공부법이다.

자르고 바꾸는 활동을 통해 집중력을 향상할 수 있다. 그런데 자르고 바꾸는 MAP 공부법은 집중력 말고도 공부하는 데 필수 능력인 주의력을 향상시킨다. 집중력이 한 가지에 힘을 모으는 능력이라고 한다면, 주의력은 뇌의 지적 능력에서 가장 기본이 되는 능력으로 원하는 정보에 관심을 기울이거나 집중을 유지하게 만든다. 또한 관심을 한 곳에서 다른 곳으로 옮겨 가게 할 수도 있고 동시에 여러 군데에 적절히 배분할 수도 있는 능력을 가리키는 말이다.

앞에서 말한 접시 돌리기를 떠올려 보면 쉽게 이해할 수 있다. 접시 하나를 돌리는 것이 집중력이라면 접시 여러 개를 동시에 돌리는 능력이 주의력이다. 주의력이 부족하면 집중하는 데 많은 시간이 걸리고, 한 과목에 집중하다 다른 과목으로 넘어갈 때 다시 집중하는 데 어려움을 겪는다. 그 사실을 본인도 알기에 한번 잡은 공부를 끝까지 밀어붙이려다 시간 때우기 공부로 가는 것이다. 자르고 바꾸는 훈련을 통해 집중력과 주의력을 향상시키면 그 같은 문제는 어렵지 않게 해소될 수 있다.

뇌를 살리자고 했다. 뇌를 살리는 길은 뇌를 속이는 것과 같다. 지금까지는 뇌에 속고 살았다. 이제부터는 뇌를 속여서 내 편으로 만들어야 한다. 뇌에 대해 조금만 관심을 가지고 공부해 본다면 뇌를 속이는 것쯤 어려운 일이 아니라는 걸 알 수 있다. 뇌에게 힘들게 공부하고 있다는 사인을 전혀 주지 않는 것이다. 어렵게 공부하는 게 아니라고 하면서 세 시간, 네 시간 한 과목만 붙들고 앉아 있으면 뇌를 속일 수 없다. 아무리 속이기 쉽다고 해도 뇌가 그것도 알아채지 못할 만큼 바보는 아니기 때문이다.

뇌를 속이려면 제대로 속여야 한다. 힘들게 공부하는 게 아니라는 신호를 보내려면 뇌가 피로를 느끼기 전에 공부를 멈춰야 한다. 그래야 뇌가 안심한다. 그리고 과목을 바꿔 주면 된다. 다시 뇌가 공부를 인식하기 전, 그러니까 피로를 느껴 신호를 내려보내기 전에 다시 공부를 멈추고 과목을 바꿔 주면 되는 것이다.

과목을 자르고 바꾸는 행동은 집중력을 보존하고 에너지를 분산해서 쉽게 지치지 않는 공부를 하기 위해 절대적으로 필요하다. 어차피 그날그날 해야 하는 공부의 양은 정해져 있기 마련이다. 그날 안에 해내기만 하면 되는 것을 군이 한꺼번에 다 해치

우려다 지쳐서 나가떨어지는 우를 범하면 안 된다.

우리는 지금까지 그래 왔다. 그래서 여태 공부에 당하고 살았다. 자르고 바꿔라. 그날 상대해야 하는 팀의 상황에 따라서 타순을 배열하는 야구감독처럼 그날의 컨디션과 학습량, 공부 환경 등을 고려하여 공부 순서를 적절히 배치해 보라. 그 자체만으로도 자기효능감이 극대화되는 것을 실감할 수 있다.

자르고 바꿔라. 공부 스트레스가 사라진다. 공부 욕구가 생기고 집중력이 향상될 뿐만 아니라 주의력도 향상되는 것을 깨닫는다. 또한 자신감을 가지고 공부에 전념할 수 있는 길이 열린다.

뿐만 아니라 효율적인 공부로 시간을 절약함으로써 공부 때문에 포기해야 했던 운동, 독서, 여가 생활 같은 필수적인 활동들을 영위할 수 있다. MAP 공부법의 궁극적인 목표인 균형 잡힌 삶에서 우러나오는 행복한 입시, 행복한 공부에 가까워지는 것이다.

CHANGE에 관련된 FAQ

Q1 집중이 잘되는데도 꼭 자르고 바꿔야 하나요?
흐름이 끊기지 않을까요?

A1 집중이 잘되기 때문에 바꿔야 합니다. 흐름이 끊긴다는 것은 근거가 없는 편견일 뿐입니다. 흔히 '꽂혔다'고 할 때 시간 가는 줄 모르고 몰입하게 됩니다. 꽂힌 그 과목으로 그날 공부를 끝낼 생각이라면 상관없습니다. 그러나 해야 할 공부가 많지요. 좋아하는 과목을 공부하다 보면 몰입한 나머지 너무 열정을 불태워 에너지를 과도하게 소모하는 경우가 많습니다. 다음 공부를 위해서는 바람직한 일이라 할 수 없습니다. 그래서 나는 좋아하고 자신 있는 과목이 오히려 에너지 뱀파이어가 될 수 있다고 말합니다. 아이러니가 아닐 수 없습니다.

지킬 수 있을 때 지켜야 하는 것은 건강만이 아닙니다. 정신력과 에너지도 마찬가지입니다. 계속 공부하고 싶은 마음이 남아 있을 때 바꾸십시오. 그래야 다음에도 그다음에도 계속 집중력을 유지할 수 있습니다. 꼭 기억하기 바랍니다.

Q2 인터넷 강의도 바꾸나요?

A2 그렇습니다. 인터넷 강의도 잘라야 한다고 이미 당부했습

니다. 마찬가지로 인터넷 강의도 잘랐으면 바꾸는 것이 더 유리합니다. 예를 들어 60분짜리 영어 인강을 30분 들었으면 수학 공부를 50분 정도 하고 나서 앞에 들었던 30분 내용을 복습합니다. 나머지 30분 인강은 식사 후에 듣는 식으로 조정하는 것이 한 번에 60분을 다 듣고 복습하는 것보다 훨씬 효과적입니다. 일종의 전략적 거리 두기입니다.

Q3 공부 시작한 지 15분 만에 책상에 엎드려 20분 잤는데요,
과목을 바꿔야 할까요?

A3 공부 시작 15분 만에 잠이 왔다는 것은 수면이나 시간 활용에 문제가 있다는 신호일 가능성이 큽니다. 일시적 현상이라고 생각되면 과목을 바꾸지 않고 계속 공부해도 무방합니다. 다만 또다시 졸음이 온다면 적당히 휴식을 취한 후에 과목을 바꾸는 것이 좋습니다. 휴식 후에 다시 시작해도 늦지 않습니다. 그것보다도 수면 체계에 무리가 있는지, 운동 부족인지, 영양 결핍인지 원인을 빨리 찾는 것이 급선무입니다.

CCR 3단계, Rest : 쉬어라(지치지 않기 위한 시간, 10분)

일만 하고 휴식을 모르는 사람은 브레이크가 없는 자동차 같아서 위험하기 짝이 없다.
- 존 포드

기계도 쉬지 않고 계속 돌리기만 하면 탈이 난다. 하물며 사람이랴. 뇌를 사용하는 일이라면 더욱 그렇다. 뇌의 크기는 신체의 2퍼센트에 불과하지만 소비하는 에너지는 20퍼센트나 된다. 전체 근육이 사용하는 양과 맞먹는 수치다. 특히 지속적으로 집중을 요하는 공부는 더 많은 에너지가 필요하다. 그만큼 뇌에 필요한 것은 휴식이다.

공부뿐 아니라 당신이 하고자 하는 모든 일에서 성공을 거두려면 뇌가 지치지 않아야 한다. 뇌가 지치면 생활의 활력이 떨어진다. 활력이 떨어지는 것은 뇌가 지쳤다는 신호를 보내기 때문이다. 뇌에 활력을 불어넣음으로써 성공을 향해 삶을 이끌어 나갈 수 있다. 답은 간단하다. 휴식이다. 공부를 한참 한 뒤 피로를 느끼는 것은 뇌가 주는 신호다. 그 신호를 무시하면 혹독한 대가를 치러야 할 것이다.

뇌가 피로를 느끼지 않는다면 얼마든지 공부해도 좋다. 다만 뇌가 피로를 느끼지 못하는 와중에도 에너지는 소비되고 있다는 사실을 알아야 한다. 장기 목표를 세웠거나 여러 가지 일을 동시에 해야 한다면 전략적으로 쉴 필요가 있다. 뇌가 피로를 느끼지 못한다고 무리했다가는 아예 모든 욕구를 상실할 수도 있기 때문이다.

일본의 의학박사이자 농학박사이며 경영학박사인 사토 도미오는 저서 《잘 노는 사람이 성공한다》에서 지나친 자기 억압과 강박 관념을 떨쳐 내지 못하면 목표를 이루는 건 더욱 어려워질 뿐이라고 경고한다. 꿈을 실현하려면 너무나 힘들고 고통스러운 대가를 치러야 한다고 생각하기 때문에 뇌가 그 과정을 회피하려 한다는 것이다.

사토는 성공 비결은 성공 뇌를 형성하는 것이라고 말한다. 성공 뇌를 형성하기 위해 필요한 것이 '베타 엔도르핀'과 '네오테니'의 생성인데, 엔도르핀이나 네오테니는 뇌가 즐거움을 느낄 때 나타난다고 한다. MAP 공부법에서 CCR을 강조하는 이유다. CCR은 뇌를 지치지 않게 하고 공부하는 중에도 즐거움을 느끼게 만든다.

"쉬는 것도 전략이 필요하고 작전이 필요하다."

REST, 쉬어라. 쉬는 게 남는 것이다. 그런데 막 쉬면 되는가? 그렇지 않다. 쉬는 것도 전략이 필요하고 작전이 필요하다. 공부하는 사람에게 필요한 것은 언제 공부해야 하고 언제 쉬어야 하는지 구분하는 것이다. 공부할 때는 어떻게 공부해야 하고 쉴 때는 어떻게 쉬어야 하는지 아는 것이야말로 공부하는 사람이 갖춰야 하는 필수 자질이다.

과목 안에서 쉬기 : 공부는 한 과목당 15분씩 3쿼터로!

한 과목을 자르라고 했다. 중학생은 30~40분, 고등학생은 40~50분을 넘기지 말아야 한다. 그 시간을 초과하면 집중력이 급격하게 떨어지기 때문이다. 작정하고 집중해 봤으면 알겠지만, 30분 동안 고도의 집중력을 유지한다는 것은 결코 쉬운 일이 아니다. 제대로 집중했다면 도저히 쉬지 않고는 더 이상 공부하기 힘들 정도로 피로를 느낀다. 두 시간 동안 공부했는데 전혀 힘들지 않다면 과연 잘 집중했는지 의심해 볼 필요가 있다.

"고등학생은 한 과목을 15분 3쿼터로 나눠서 공부한다."

집중 모드로 공부한다면 40분도 길다. 한 과목당 40분간 공부하기로 정했다면 그 안에서 또 잘라야 한다. 40분을 1쿼터(15분)-2쿼터(15분)-3쿼터(10분) 세 부분으로 나누어 공부할 것을 주문한다. 나는 고등학생이라면 한 과목을 15분 3쿼터로 나눠서 공부할 것을 권장한다. 집중 훈련이 안 되어 있으면 15분도 길게 느껴진다. 15분 3쿼터가 힘들다면 10분 4쿼터나 10분 3쿼터도 괜찮다. 내친김에 10분 2쿼터도 좋다. 10분 1쿼터라도 안 하는 것보다는 백 배 낫다.

처음엔 너무나 쉬워서 도저히 실패할 수 없을 정도로 가볍게 시작하는 것이 좋다. 그게 스몰 스타트다. 스몰 스타트, 스몰 스텝은 공부를 성공으로 이끄는 진정한 필승불패 작전이다. 한 과목을 10분씩 공부한다고 하면 우습게 여길지도 모르겠다. 그 10분을 절대 무시해서는 안 된다. 공부가 힘든 사람에게 그 10분은 위대한 도전이다. 원래 거대한 변화는 사소하고 미비한 것에서 시작된다. 우리가 큰일을 하지 못하는 이유는 처음부터 큰일이 주어지는 경우는 거의 없기 때문이다. SLOW & STEADY가 결국은 WINS THE RACE 한다는 격언은 불변의 진리다. 10분으로 시작한 공부가 꾸준히 지속되고 시간과 빈도를 늘려 가면서 큰 위력을 발휘할 것이다.

우리는 중요하게 생각하는 일일수록 제대로 갖춰 놓고 시작하려는 경향이 있다. 그러나 거창하게 시작한 일일수록 실패 확률이 높다는 사실을 잊지 말자. 등산을 하기로 마음먹었다면 아웃도어 매장부터 찾을 것이 아니라 평상시 신는 편한 운동화를 신고 가까이 있는 낮은 산이라도 오르고 볼 일이다. 일단 시작해야 한다. 장비는 등산하는 습관이 자리 잡힌 다음에 준비해도 충분하다. 오히려 그때 장비를 준비해야 자신에게 잘 맞는 것과 꼭 필요한 것만 구입하여 낭비를 줄일 수 있다.

인천에서 만난 학생은 방학 중 하루 최대 공부 시간이 네 시간 반이었다. 그런데 코칭을 통해 MAP 공부법을 적용하자 불과 한 달 만에 열 시간에서 열두 시간까지 공부 시간을 늘리는 데 성공했다. 훗날 그 학생이 내게 말했다.

"선생님, CCR을 적용하니까 시간이 늘어났는데도 공부가 힘들지 않던데요. 시간도 시간이지만 알려 주신 방법대로 시간을 효율적으로 쓰다 보니 오히려 여가 시간을 가질 만큼 여유가 생겼습니다."

실제로 그 학생은 좋아하는 운동을 꾸준히 하면서도 많은 시간을 공부에 할애할 수 있었다. 그가 경험한 학습 생활의 변화는 고스란히 성적 향상으로 이어져 명문 사립대에 입학했다는 소식을 들었다. 지금부터 4년 전의 일이다. 2005년부터 학생들에게 생활 학습 다이어리를 나누어 주고 그들이 주는 피드백으로 데이터를 만들었는데, 그 데이터를 토대로 지속적인 업그레이드를 통해 만든 학습 다이어리가 드디어 효과를 발휘하기 시작한 것이다. 그때부터 본격적으로 MAP 공부법 개발을 위한 두뇌 연구가 시작되었다. 놀랍게도 전문가들이 실시한 연구 결과들을 비교해 봤을 때, 그들이 제시한 수치와 방법이 내가 연구한 결과와 상당 부분 일치하는 것을 발견했다. 나의 연구가 헛되지 않았다는 사실을 발견한 순간이었다. 그 뒤 본격적으로 다이어리 연구와 공부법 연구에 매달린 결과 지금의 MAP 공부법과 '스터디 MAP 다이어리'가 탄생한 것이다.

힘들이지 않고 오랜 시간 공부할 수 있는 비결은 간단하다. 적재적소에서 쉬는 시간을 갖는 것이다. 한 과목을 3~4쿼터로 나누면 된다. 각 쿼터 사이에는 1분간 휴식 시간을 갖는다. 그 시간에 그냥 쉬기보다는 다음 쿼터를 위해 마음의 준비를 하거나, 앞 쿼터에 대한 평가의 시간으로 삼거나, 자기 보상의 시간을 갖는 것이 좋다. 나는 MAP 공부법과 시너지를 발휘하게 될 집중력 훈련법을 개발하고 있다. 지금은 시험 가동 중이지만 참여하는 학생들에게 좋은 반응을 얻고 있다. 그러던 중《미친 집중력》을 읽고 놀라지 않을 수 없었다.

《미친 집중력》의 저자 이와나미 구니아키는 공부하는 중에 15분마다 자신에게 간식을 선물했다고 한다. 보상 효과를 최대화하기 위해 15분 정도가 적당하다고 한다.《미친 집중력》을 읽으면서 놀란 것은 내가 여러 해 동안 학생들을 만나면서 임상으로 얻은 15분이라는 시간과 보상 방법이 정확하게 일치한다는 점이다.

MAP 공부법을 완성하기 위해 다양한 관련 서적을 탐독하면서도 같은 경험을 많이 했다. 그 많은 책이 나에게 큰 도움을 준 것은 사실이지만, 많은 경우 내가 경험적으로 알게 된 사실과 이론들을 확인해 주는 역할을 한 것이다. 내가 현장 경험에서 얻은 이론들을 많은 전문가가 뒷받침해 주고 있는 셈이다.

어쨌든 그는 이 방법으로 1년 만에 최하위 등급의 열등생에서 일본 대학 수학 능력 시험에서 900점 만점에 881점을 얻어 도쿄대 의학부에 합격했다. 그는 15분간 공부하고 30초에서 1분 안에 간식을 먹었다. 넋 놓고 앉아서 간식을 먹는 것이 아니다. 계속 공부하면서 간식을 먹는 것이다. 왜일까? 뇌를 생각하면 당연한 일이다. 공부와 보상을 묶어서 '공부하면 좋은 일이 생긴다'는 인식을 심어 주기 위한 것이다.

뇌는 크든 작든 뭔가를 달성했을 때 쾌감을 느낀다. 그럴 때 뇌는 좋은 기분을 유지하기 위해 도파민, 세로토닌 같은 뇌내 신경 전달 물질을 내보낸다. 반드시 보상이 필요한 이유가 여기에 있다. 특히 세로토닌은 공부 호르몬으로 불릴 만큼 공부를 위해 존재하는 물질이다. 쉴 때마다 평가를 통해 자기 보상을 해야 한다. 그래서 뇌내 모르핀이라 불리는 도파민, 세로토닌 같은 신경 전달 물질이 지속적으로 배출되게 만들어야 한다. 이 과정을 반복하면 공부 습관이 형성되는 것이다. 이를 뇌과학에서는 '강화 학습'이라고 한다. 공부의 선순환을 만드는 가장 효과적인 방법이다.

자주 쉴수록 자기 보상의 기회는 더 많아진다. 아낌없이 다양한 방법으로 자기 보상을 해야 한다. 성공의 기억을 많이 만들어서 뇌가 나도 할 수 있다는 인식을 갖도록 해야 하는 것이다. 《미친 집중력》에서 이와나미 구니아키가 보여 준 이 방법은 두뇌 기반 학습이 실제 책상에서 어떻게 적용되는가를 증명하는 가장 좋은 예가 아닌가 생각한다.

공부, 15분이면 족하다. 더 하려고 해 봐야 욕심이다. 뇌가 받쳐 주는 것도 아니다. 한 번에 많이 하려고 의욕을 불태워 봐야 소용없다. 뇌가 집중할 수 있는 만큼이라도 제대로 하자. 여러 번 나눠서 자주 하면 된다. 그게 뇌를 살리는 비결이다.

"집중 시간을 미리 정한다."

먼저 기억해야 하는 점은 집중 시간을 미리 정해야 한다는 것. 15분이면 15분, 10분이면 10분을 미리 정해야 한다. KBS 수요기획팀이 발간한 《하루 10분의 기적》에 초등학생들을 대상으로 한 흥미로운 실험 결과가 실렸다. 학생들을 두 팀으로 나누어 들꽃 이름을 외우게 하는 실험이었다.

한 팀은 10분이라는 제한 시간을 알려 주고, 다른 한 팀은 그냥 외우게 했다. 실험 결과 시간을 제한한 팀이 그렇지 못한 팀에 비해 기억 정도를 의미하는 회상률이 두 배 정도 높게 나왔다. 기억 테스트 후에 실시한 뇌파 측정에서도 시간제한이 없는 팀은 집중력이 계속 떨어지지만 제한을 준 팀의 집중력은 계속 유지되었다(그림 5).

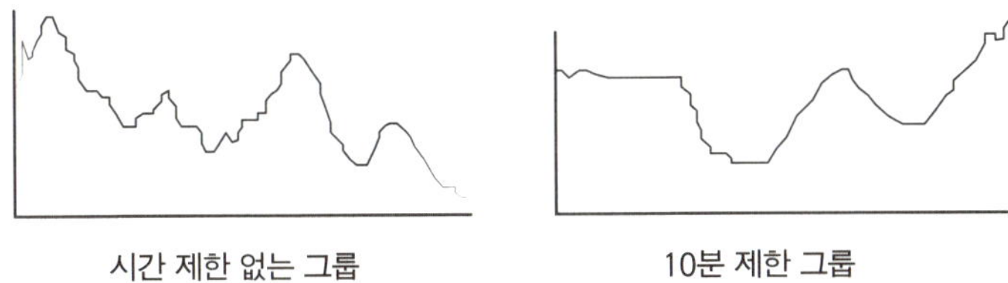

[그림 5] 뇌파 주의 집중 지표 변화

실험 결과에서 알 수 있듯이, 공부 시간을 미리 정하는 것은 매우 중요하다. 자신이 감당할 만큼 양을 정해서 완수하는 경험을 쌓는 것은 일종의 '사기극'인 셈이다. 자신이 할 수 있다는 사실을 몸소 실천해 보임으로써 뇌에 '할 수 있다'는 자신감을 심어 주는 것이다. 이것이 훈련되어 습관으로 자리 잡으면 자기통제감, 자기효능감이 급격히 상승한다. 자기통제감이나 자기효능감이야말로 공부할 때 절대적으로 필요한 요소다.

"자기통제감은 스스로 문제를 해결할 수 있다는 믿음이다."

키하라 부이치는 저서 《강한 나를 만드는 냉정한 지혜》에서 자기통제감에 대해 다음과 같이 설명했다.

"자기통제감이란 운명이나 운 같은 주위 환경에 구애받지 않고 자기 나름대로 자신의 운명을 책임지는 태도다. 이는 곧 주위 사람이나 주위의 조건에 의지하지 않는 독립심의 기반이 된다. 이를 위해서는 강한 자신감이 있어야 한다. 연구 결과 자기

통제감이 있는 사람들, 즉 자신이 자기 생활에 어떤 영향을 줄 수 있다고 생각하는 사람들은 학교 성적도 높고 스트레스를 잘 이겨 내며 더 행복하게 산다고 한다. 자기통제감은 여러 문화권에서 학교 성적, 인지 발달, 다양한 성취와 비례한다."

키하라 부이치가 말하는 자기통제감은 한마디로 스스로 문제를 해결할 수 있다는 믿음이다. 특히 자기통제감은 살아가는 능력이라고 할 수 있는 비인지 능력과 직간접적으로 맞닿아 있다.

'페리유치원 프로그램'이라는 이름으로 진행되고 있는 실험이 있다. 시카고대 헤크먼 교수팀이 미시간 주에 위치한 페리유치원에서 지금까지 50년 이상 추적 조사를 통해 알아내고자 한 것은 인지 능력과 비인지 능력이 아이들의 장래에 미치는 영향이다.

연구팀은 IQ 검사나 학력 테스트로 측정하는 인지 능력을 키우는 교육 프로그램이 3~8세까지는 향상시키는 효과를 발휘했지만 그 이후로는 효과가 서서히 사라지는 것에 주목했다. 흔히 말하는 공부 잘하게 만드는 프로그램의 영향은 단기 성과를 내는 데 그쳤다는 것이다. 오히려 공부와 상관없어 보이는 비인지 능력이 장기적으로 수입, 학습 능력, 직업 같은 분야에서 큰 영향을 미치는 것으로 드러났다.

의욕과 근면성, 자제력, 사회성 등의 기질 또는 성격과 관련된 비인지 능력은 인지 능력 형성에 관여할 뿐 아니라 미래의 수입과 학습 능력 그리고 직업 등에 큰 영향을 미친다는 사실을 밝혀낸 것이다. 결과적으로 공부 잘하라고 공부만 시켰더니 오히려 공부에서 뚜렷한 효과를 거둘 수 없었다는 말이다.

"인간의 기본 욕구를 무시한 억지 공부는 공부 욕구마저 꺾는다."

공부 때문에 모든 걸 희생해서는 안 된다. 독서, 건전한 여가 생활, 운동, 자기 계발, 봉사 활동 등은 성장기에 배우고 경험해야 하는 일일 뿐 아니라 실제 공부에도 좋은 영향을 미친다는 사실을 빨리 깨달아야 한다. 고3이니까, 재수생이니까 '닥공(닥치고 공부)'을 외치고 공부에만 전념한다고 해서 좋은 성과가 나올 리 없다. 인간의 기본 욕구를 무시한 억지 공부는 결국 공부 욕구마저 꺾어 버린다는 사실을 명심해야 한다.

MAP 공부법은 단순히 공부만 잘하게 만드는 프로그램이 아니다. 어떤 면에서는 인지 능력과 상관없는 순수 비인지 능력 향상 프로그램이라고도 할 수 있다. MAP 공부법은 데이터를 만들고 분석하고 평가하고 성찰함으로써 더 나은 실행으로 옮길 수 있게 돕는다. 그 과정을 통해 자연스럽게 인내, 절제, 근면, 성실, 자기 성찰 같은 비인지 능력을 키울 수 있다.

시험 중에 쉬기 : 시험 시간도 길다. 그것도 잘라라!

'시험을 치르는 중간에 휴식이라니?' 하고 의아해할 것이다.

그러나 앞에서 말한 과목 안에서 쉬기를 시험에 적용해 본다면 이해될 것이다. 우리가 크게 착각하는 것은 특별한 날, 특별한 장소에서는 그래도 집중력이 오랜 시간 유지될 거라고 생각하는 것이다. 절대로 그렇지 않다. 목숨이 오가는 긴박한 상황에서도 졸음이 쏟아지는 게 인간이다. 결정적인 순간에 집중력이 무너져 큰 실수를 저지른 경험이 한두 번은 있을 것이다.

수능시험이 아니라 수능 할아버지 시험을 본다 해도 마찬가지다. 수능에서 국어 시험은 70분을 보는데, 처음에 아무리 긴장하고 떨려도 조금만 지나면 마음이 차분해지고 집중하게 된다. 다만 70분을 계속 집중하기란 매우 힘든 일이다. 30분을 정점으로 점점 집중력이 떨어지기 시작하면 읽은 지문을 또 읽고 또 읽고를 반복하고 평상시 안 하던 실수까지 한다. 나도 제대 후 1995학년도 입시에서 경희대 한의예과를 지원하고 본고사(1994년부터 1997년까지 수능과 별도로 치른 대학별 고사)를 치를 때 쏟아지는 졸음과 사투를 벌인 경험이 있다.

시험 시간을 중간에 자르고 쉬는 방법은 간단하다. 국어라면 70분을 임의로 40분과 30분 두 파트로 나눠서 전반전, 후반전으로 명명하는 것이다. 그사이에 심호흡을 몇 번 하고 '잘할 수 있다' '잘하고 있다' 하며 자신을 격려한다. 그 짧은 순간에 다시 뇌를 활성화하고 주의를 환기할 수 있다.

여기에 한 가지를 추가하자면 평상시 실전 연습을 할 때도 전반전과 후반전으로 나눠서 집중하는 훈련을 하되 전반, 후반에

각각 몇 문항을 해결하는지 기록해 놓는 것이다. 익숙해지면 실전에서 자신의 페이스를 확인해 가며 시간 관리를 할 수 있다. 또 한 가지 팁을 주면 실전 연습에서 시간을 확인할 때는 디지털 시계보다는 아날로그 시계를 사용하고 실전 연습은 실제 시험 시간에 맞춰서 하라는 것이다. 오후 7시에 국어 실전 연습을 한다면 시계를 실제 시험 시간인 8시 40분에 맞춰 놓는 식이다. 그래야 제대로 된 정보를 뇌에 입력할 수 있기 때문이다.

과목 사이에 쉬기 : 과목 간 휴식은 10분이 정답!

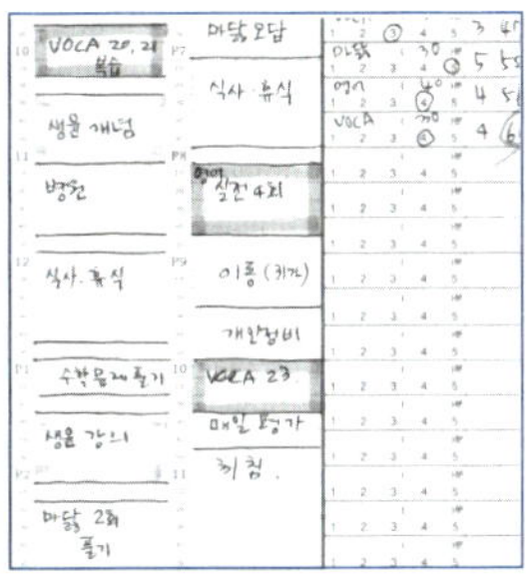

[그림 6]

10~15분씩 3~4쿼터로 나눠서 한 과목을 끝냈다면 그림 6에서 보이는 것처럼 10분간 휴식이다. 본격적인 휴식은 이제부터다. 40분 공부하고 10분 쉬라고 하면 너무 많이 쉬는 것 아니냐고 반문하는데, 그렇지 않다고 단호하게 말할 수 있다. 생각해 보면 10분의 휴식을 무시하다가 슬럼프에 빠져서 몇 날, 길게는 몇 주, 몇 달씩 휴식(?)을 취하는 일이 얼마나 많은가.

“그렇게 쉬다가 언제 공부할래?”라던 친구들이 언제 사라졌는지도 모르게 자취를 감춰 버린 경우를 한두 번 본 게 아니다. 그런 친구들을 다음 해 학원에서 다시 만난 슬픈 기억이 떠오른다.

건강은 건강할 때 지켜야 한다. 늙고 병들어 후회해 봐야 아무 소용 없다. 이른 아침에 피트니스센터에서 운동하노라면 가끔 연로한 분들이 운동하는 모습을 볼 수 있다. 그때마다 더 열심히 운동해야겠다는 다짐을 한다. 그분들도 마음이야 청춘이겠지만 몸이 말을 안 듣는 것이다. 물론 그렇게라도 부지런히 몸을 움직이고 열심히 운동하는 게 안 하는 것보다야 몇 백 배 낫겠지만 좀 더 젊었을 때 시작했다면 어땠을까 하는 생각이 든다.

“언제든지 필요할 때마다,

원할 때마다 쉴 수 있다고 생각한다면 큰 오산이다.”

휴식도 마찬가지다. 아무 때나 언제든지 쉬고 싶을 때 쉴 수 있는 것이 아니다. 언제든지 필요할 때마다, 원할 때마다 쉴 수 있다고 생각한다면 큰 오산이다. 쉬고 싶어도 못 쉬고 휴식이 필요한 줄 알면서도 쉬지 못하는 경우가 태반이다. 왜 그런가. 쉬는 문제를 너무 쉽게 생각하기 때문이다. 쉬는 법을 모른다. 쉬는 법을 배우지 못했기 때문이다.

 여가에 대한 개념이 아직도 후진국 수준을 크게 벗어나지 못하고 있다. 과거 우리 윗세대 어른들은 동사무소에서 울려 퍼지는 '잘살아 보세'라는 새마을 노래를 들으며 아침을 시작했다. 허리띠 졸라매고 열심히 일해서 잘 먹고 잘살 수 있게 되었는지 모르겠지만 정말 '잘' 살고 있는가에 대한 질문에는 여전히 물음표다.

잘살아 보려고만 했지 어떻게 사는 게 잘사는 것인가에 대한 고민까지 할 여유는 없었다. 그분들은 상상조차 할 수 없는 고되고 힘든 시대를 살아왔다. 고기도 먹어 본 사람이 먹는다는 말이 있듯이 쉬어 본 사람이 잘 쉬는 법. 아쉽게도 우리에게 잘 쉬는 법을 알려 준 사람은 없었다.

그 결과 한국 학생의 행복 지수는 바닥을 기고 학업 스트레스는 세계 최강이다. 당연한 결과다. 한국보건사회연구원의 김미숙 연구위원은 〈보건복지 포럼〉 2월호에 2013년 한국 아동 종합 실태 조사 데이터를 활용한 한국 아동의 주관적 웰빙 상태 분석 결과를 공개했다. 그 결과를 보면 한국 아동의 학업 스트레스 지수는 50.5퍼센트로 조사 대상 국가인 29개국 중 가장 높은 것으로 나타났다. 한국 아동의 학업 스트레스 지수는 전체 평균 33.3퍼센트보다 17.2퍼센트나 높으며 가장 낮은 네덜란드의 세 배나 된다고 한다.

"학생들에게 시간만 주고 쉬라고 하면 큰일 난다."

이제 쉴 때가 되었다. 의무적으로 전략적으로 쉬어야 한다. 휴식의 가치를 이해하고 제대로 쉬어야 한다. 배워서라도 쉬어야 한다. 학생들에게 시간만 주고 쉬라고 하면 큰일 난다. 쉴 줄 모르는 아이들은 PC 게임으로, 자극적인 영상으로 병들어 간다. 학원을 경영하고 과외교사를 하면서 게임에 중독된 학생을 여럿 만났다.

그들도 처음부터 중독은 아니었다. 공부하다가 잠깐 쉬면서 접한 게임에 완전히 사로잡히고 만 것이다. 부모의 현명한 대처가 아쉽다. 아이가 게임에 빠져들기 시작하면 보통 공부 몇 시간에 게임 한 시간 하라는 식으로 타협한다. 아이는 게임을 위해서 공부하게 된다. 정확히 말하면 게임 한 시간을 위해 몇 시간을 때우고 마는 것이다.

쉬는 법을 배우자. 잘 쉬어야 한다. 제대로 쉬어야 한다. 일단 한 과목 공부를 끝냈다면 미련 없이 쉬자. 공부를 더 하고 싶을 때 CUT해야 한다. 그래야 계속 공부하고 싶은 마음이 생긴다. 쉬었다고 그 과목을 다시 붙잡으면 안 된다. 계속하고 싶은 마음에 잡았다 하더라도 잡는 순간 집중력이 흐려질 수 있기 때문이다. 따라서 CHANGE해야 한다.

'차이가르닉(Zeigarnik) 효과'란 것이 있다. 차이가르닉이 발견한 원리인데, 완결된 행동보다 미완결된 행동이 더 잘 기억

되는 효과를 의미한다. 인간은 간직해 온 목표가 달성되지 못한 채 중단되면 그 목표를 위한 행위를 다시 하는 경향을 지닌다는 원리다(《교육심리학 용어 사전》, 학지사).

결정적인 순간에 CUT하면 다음 순번에서 더 높은 집중력을 발휘할 뿐 아니라 기억 지속 시간이 더 길어진다. 그러니까 CUT와 CHANGE 사이에는 반드시 REST가 들어가야 한다. 공부하면서 가장 잘 쉬는 방법이다. 자르고 바꾸기 전에 쉬는 것. 제대로 쉬는 것의 시작이다.

상호 간섭을 배제하기 위해 앞에서 한 공부와 뒤에 할 공부 사이에 확실한 거리를 두려는 것도 이유지만, 뇌가 쉬면서 소비된 에너지를 보충하고 공부 욕구를 지속적으로 유지하게 만드는 것이 가장 큰 이유다. CUT-CHANGE-REST만 제대로 습관화한다면 MAP 공부법의 75퍼센트는 끝낸 것이나 다름없다.

식사 시간에 쉬기 : 최소 한 시간(20분+40분)을 사수하라

공부 시간에 쫓기다 보면 5분, 10분이 아쉽다. 조금이라도 더 시간을 확보하기 위해 동분서주한다. 급기야 밥 먹는 시간마저 건드리기에 이른다. 그러나 시간 좀 늘려 보겠다고 잠을 줄이는 것만큼이나 식사 시간이나 식사 후 휴식 시간을 줄이려는 시도는 매우 위험하다. 식사 시간마저 줄여 가며 공부해 보려는 마음은 기특하나 효율을 생각하면 득보다 실이 많다.

일단 그런 마음을 갖게 된 동기부터 살펴야 한다. 여유가 없는 것이다. <u>조바심은 평정심을 해친다. 판단력을 흐리게 하고 시야가 좁아지게 만든다.</u> 그 시간에 공부한다고 크게 달라지는 일도 없지만 아무것도 하지 않는 자신을 용납하지 못하는 것이다. 쉴 때 제대로 쉬지 않으면 진짜 공부해야 할 때 맥없이 쉬게 된다. 하루 종일 공부한다는 생각에 불안한 마음을 다소 진정할 수 있을지 모르겠지만 집중력이 많이 떨어진 상태에서 공부가 제대로 될 리 없다.

나도 재수할 때는 아침, 점심, 저녁 모두 합해서 식사 시간 30분을 넘기지 않았다. 아침은 4시 30분에 후루룩, 점심은 12시 전후에 뚝딱, 저녁은 수업 들어가기 직전에 꾸역꾸역. 생각해 보면 수업 시간이나 자습 시간에 쏟아져 내리는 잠과 사투를 벌이느라 공부에 온전히 집중하지 못한 것 같다. 그땐 왜 몰랐을까. 쉴 때 확실하게 쉬고 공부할 때 제대로 공부하자.

특히 식사는 단순히 배고픔을 해결하고 몸에 에너지원을 주입하는 것 외에 더 특별한 의미가 있다. 우리는 음식을 잘 씹는 것만으로도 행복감에 젖을 수 있다. 바로 세로토닌의 작용 때문이다. 그러나 치열한 경쟁 속에서 사는 현대인들은 포만감만 느낄 뿐 그런 행복감에 빠져들기는 어렵다.

뇌가 포만감을 느끼려면 식사를 시작하고 20분은 지나야 한다. 하지만 우리는 그 전에 식사를 끝낸다. 배가 점점 불러온다. 포만감을 넘어 행복감은커녕 불쾌감이 몰려온다.

나는 5남매 중 넷째로 태어났다. 시대가 시대인 만큼 모든 것이 부족하다 보니 이른 나이에 가족 내에서 무한경쟁을 경험했다. 특히 음식 앞에서 그랬다. 늦으면 없다. 그래서 꼭꼭 씹어 먹는 습관은 사치였다.

고백하자면 나는 지금도 맛있는 음식 앞에서 흥분한다. 동공이 확대되고 호흡이 가빠진다. 내가 음식 맛을 느끼는 것은 이미 배가 불렀을 때다. 그때까지는 음식을 맛으로 먹는 것이 아니라 흥분을 가라앉히기 위해서 먹는다. 그나마 마라톤을 하고 웨이트 트레이닝을 꾸준히 하는 덕에 건강을 유지하지만 식탐 문제는 여전히 해결해야 하는 숙제다.

음식을 씹어서 느끼는 행복감을 제대로 느낀 것은 운동을 시작하면서부터였다. 내 키가 170센티미터인데 몸무게가 84킬로그램까지 나간 적이 있다. 운동을 시작한 지 3개월 만에 14킬로그램을 감량했는데, 그때 식이요법을 병행하면서 식사가 주는 행복감을 맛볼 수 있었다.

폭식하는 습관을 고치기 위해 압력솥을 버렸다. 냄비에 100퍼센트 현미밥을 지었다. 뜸도 들이지 않았다. 대충 끓이다가 불을 끄고 식힌 현미밥은 생쌀에 가까웠다. 그 밥을 평상시처럼 먹었다가 고생한 경험이 있다. 밥알이 위장을 긁고 돌아다니는 게 느껴졌다. 그때부터 꼭꼭 씹기 시작했다. 한 줌도 되지 않는 밥을 다 먹는 데 걸린 시간이 20분을 넘겼다.

일단 밥을 엄지손톱만큼 입에 넣고 서른 번을 씹었다. 이어서 시금치 한 조각, 김치 4분의 1 조각, 콩나물 한 가닥을 입에 넣고 스무 번을 더 씹은 다음에 삼켰다. 그런데 이게 웬일인가. 밥맛이 그렇게 좋은 걸 처음 알았다. 더 놀라운 사실은 그렇게 적은 양을 먹었는데도 포만감이 들었다는 것이다. 더불어 기분이 좋아졌다. 행복한 식사를 했다는 만족감이 밀려왔다. 배가 부르지도, 고프지도 않은 완벽한 상태였다. 식사 시간을 그렇게 보내고 나니 자연스럽게 일에 활력이 생겼다. 에너지가 몸 구석구석까지 고루 퍼져 나간다는 느낌이 들었다.

음식을 꼭꼭 씹어서 포만감을 넘어 행복감을 느끼려면 식사 시간이 최소 20분은 필요하다. 수험생이건 직장인이건 가정주부건 그 누구라도 마찬가지다. 그러나 대부분은 10분 만에 식사가 끝난다. 음식을 먹을 때 씹는 행위가 세로토닌 분비를 촉진한다. 음식을 씹는 것이 뇌를 자극하고 그 자극이 뇌간의 세로토닌 신경을 자극한다. 음식 맛을 음미해 가며 먹기 때문에 더 큰 만족을 느끼면서 세로토닌은 더 많이 분출된다.

정신과 전문의 이시형 박사는 저서 《세로토닌하라!》에서 세로토닌을 행복 호르몬, 공부 호르몬, 건강 호르몬, 성공 호르몬이라고 명명한다. 많이 먹지 않아도 오래 씹을수록 뇌는 만족을 느낀다. 충분한 음식을 만족스럽게 섭취한다는 생각 때문이다. 먹는 양도 조절될 뿐 아니라 이런 즐거움이 또 세로토닌을 촉진하는 것이다. 다량 분비된 세로토닌은 기억력에도 영향을 미칠 뿐만 아니라 계속해서 학구열이 불타오르게 만든다.

특히 바쁜 일과 중에 맞는 점심 식사가 중요하다. 바쁘다는 걸 핑계 삼아 간단히 패스트푸드 등으로 때우기 쉽다. 특히 부드러운 빵과 우유로 식사를 대체하면 거의 씹지 않고 넘길 수 있다. 시간도 절약하고 식사도 해결하는 일거양득이라고 생각할 수 있으나 보이지 않는 큰 손해를 본 것이다.

수험생은 아침 일찍부터 일과를 시작하는 경우가 대부분이다. 아무리 바빠도 아침 식사를 거르면 안 된다. 그런 상황 자체를 만들지 말아야 한다. 오전 8시에서 10시를 정점으로 점심 전까지가 집중력의 황금시간대다. 논리 과목이나 힘든 과목은 그 시간에 공부해야 한다. 에너지 소비가 클 수밖에 없다. 점심 시간은 손실된 에너지를 충전하고 활기찬 오후를 맞이하기 위한 골든타임이다. 이후 학습의 성패가 달린 문제다. 몇 십 분 아껴 보자고 오후 전체를 망칠 수는 없다.

우선 오래 씹는 훈련을 하자. 방법은 간단하다. 씹는 숫자를 세는 것이다. 최소 20~30회는 씹어야 한다. 기분 좋은 변화를 뇌가 감지할 것이다. 3일만 지속하자. 일주일간 성공했다면 자기 보상을 하자. 평상시 먹고 싶은 음식이나 갖고 싶은 물건을 자신에게 선물하는 것이다. 그러면 행동이 강화되면서 곧 습관이 형성된다.

그다음으로 필요한 것이 휴식이다. 식사 후 휴식은 더없이 중요하다. 식사 시간은 무조건 한 시간을 확보해야 한다. 20분 간 식사했다면 40분은 쉬어야 한다. 그 시간에 압박을 받으면 분명 생활에 문제가 생긴 것이다. 우리는 오버페이스, 오버로

드 등 다양한 이유로 시간의 압박을 받는다. 때문에 수면 부족, 운동 부족에 시달린다. 이를 방치하면 머지않아 슬럼프의 덫에 걸려들고 말 것이다.

낮잠은 권하고 싶지 않다. 나는 습관이 되어서 그 시간만 되면 졸음이 찾아왔다. 생각해 보면 낮잠을 잔 시간은 항상 식후 한 시간 이내였다. 늘 잠이 부족한 상태에서 폭식을 하고 바로 공부하다 보니 식후에 졸음이 쏟아지는 것은 너무나도 당연한 일이었다. 낮잠이 쏟아지는 환경을 만들지 않는 게 좋다. 음식을 꼭꼭 씹어 가며 천천히 먹고 충분히 휴식을 취해서 에너지를 충전한 다음에 공부를 시작하면 굳이 낮잠 잘 필요가 없기 때문이다.

나는 가벼운 산책을 권한다. 뇌에 산소를 공급하기 위해서지만, 더 큰 이유는 걷는 행위 자체가 세로토닌을 분비시킬 뿐 아니라 해마에 자극을 주어서 기억에도 좋은 영향을 미치기 때문이다. 해마는 몸을 움직일 때 더욱 활성화되기 때문이다. 음악 감상도 좋다. 편안한 마음으로 쉴 수 있는 음악이면 된다.

그림, 명상, 악기 연주나 가벼운 운동도 뇌를 깨우는 좋은 방법이다. 다만 영화나 동영상 등 잔상이 남는 것은 좋지 않다. 공부하는 와중에도 계속 잔상이 남아 집중을 방해하거나 딴생각에 빠져들 수 있기 때문이다. 시간이 되었을 때 미련 없이 접을 수 있는 것이 좋다.

내가 플루트를 통해 플루티스트 임형민 교수님과 인연을 맺은 것은 2002년 가을이었다. 지금은 교수님이 단장으로 있는 '서울플루트콰이어' 단원으로서 연주 활동을 하고 있다. 내가 근무하는 학교에서는 수학과 함께 관현악 시간에 플루트를 가르치며 섬기는 교회에서도 헌금송 연주자로 봉사하고 있다. 특히 헌금송 연주는 지난 2000년 이래로 지금까지 이어 오고 있는데, 음악을 전공하지도 않은 나에게 이러한 기회가 주어진 것은 모두 하나님의 은혜라고 생각할 수밖에 없다. 앞으로도 나에게 기회가 지속적으로 주어진다면 20주년이 되는 해에 작은 기념 연주회를 여는 것이 소망이다.

조사모 정기 공연에서 연주 중인 서울플루트콰이어.
왼쪽에서 두 번째가 필자다(2013년 11월 23일 창천아트홀).

내가 이런 꿈을 꿀 수 있는 것은 점심시간의 짧은 휴식 덕분이다. 매일 점심시간 한 시간 중에서 10~15분간 플루트를 연습한다. 그 짧은 시간이 나에게는 쉬는 시간이자 '힐링 타임'이다. 실력이 조금씩 향상되면서 성취감을 맛볼 뿐 아니라 악기가 내는 아름다운 소리가 내 정서를 순화하고 안정시키는 역할을 톡톡히 하기 때문이다.

한번은 라디오에서 들은 아주 어려운 곡의 악보를 구입해 점심시간마다 매일 한 번씩 불어 보기로 한 적이 있었다. 그렇게 연습한 지 7년 만에 연주회를 통해 그 곡을 연주해 낸 경험이 있다. 점심시간을 어떻게 활용하느냐에 따라 자신도 놀랄 만한 긍정적인 변화를 이끌어 낼 수 있는 것이다.

쉴 때는 쉬자. 아무리 공부가 중요하고 급하다 해도 공부 때문에 포기하면 안 되는 것들이 있다. 그중 하나가 쉬는 것이다. 특히 식사 시간 확보와 식후 휴식은 절대 양보해선 안 된다. 그게 공부를 잘하는 비결이다. 물론 어느 누구도 잘 쉬었기 때문에 공부를 잘하게 되었다고 말하지 않는다. 대다수의 공부 잘하는 사람들은 휴식의 중요성을 알고 충분한 휴식으로 에너지를 관리했다는 사실을 잊어서는 안 된다. 그들이 공부만 죽어라 했기 때문에 공부를 잘한 거라고 믿는다면 그 자체로 이미 속은 것이다. 휴식은 선택이 아니라 필수다. 일이든 공부든 성공하려면 쉬어야 한다.

주말에 쉬기 : 균형을 잡아라

주말에 몰아서 쉰다는 학생들을 어렵지 않게 만난다. 부족한 잠을 토요일 오전이나 일요일 오전에 몰아서 잔다는 것이다. 인간은 프로그램된 대로 움직이는 기계나 인공 지능이 아니다. 처음에는 어느 정도 통하는 것 같아도 일주일 동안 쌓인 피로가 주말에 몰아서 쉰다고 해소되는 것이 아니기에 결국은 균형을 잃고 생활 리듬이 무너져 버리는 경우를 자주 목격한다.

반면 주말을 아예 하루 종일 공부하는 시간으로 삼는 학생도 많다. 그 심정은 이해가 되고 언뜻 생각하기에 시간 관리 면에서 상당한 이점이 있을 것 같지만 실제 효과는 미비하다. 뿐만 아니라 일주일의 피로를 해소하지 못하고 계속 누적시켰다가는 정말 큰코다치기 십상이다. 물론 모두가 그렇다는 것은 아니다. 하지만 대부분의 경우는 욕심일 뿐이다. 자기기만이다. 우리는 좀 더 현명해질 필요가 있다.

<u>주말을 효과적으로 사용하기 위해 우선적으로 고려해야 할 부분이 바로 균형이다.</u> 아인슈타인은 "인생은 자전거를 타는 것과 같다. 균형을 잡으려면 움직여야 한다."라고 충고했다. 그런데 균형을 맞추는 게 생각만큼 쉽지 않다. 주말에 쉬는 건 고속도로를 달리던 차가 휴게소에서 휴식을 취하는 것과 같다고 할 수 있다. 자동차 전문가들은 두 시간 정도 고속도로를 달렸다면 반드시 휴식을 취해야 한다고 말한다. 사람도 사람이지만 자동차도 쉬어야 하기 때문이다.

자동차가 취하는 휴식이란 과열된 엔진을 식히는 것이다. 그런데 자동차가 제대로 쉬려면 엔진 시동을 켜 둬야 한다는 사실을 아는 사람은 많지 않다. 왜 그럴까? 상식적으로 생각해 보면 엔진 작동이 멈춰야 더 이상 열이 발생하지 않기 때문에 당연히 엔진 시동을 꺼야 한다. 그러나 엔진은 자체적으로 냉각

수를 순환시켜서 엔진을 냉각시키는 시스템이다. 엔진을 식히려면 냉각수가 엔진 구석구석을 돌아다니며 열을 빼앗아 오도록 엔진 시동을 켜 둬야 하는 것이다.

엔진을 끄면 냉각 시스템마저 정지되어 결국 과열된 엔진은 전혀 휴식을 취하지 못한 게 되고 만다. 주말을 보내는 자세도 이와 같다. 월요일부터 금요일까지 열심히 공부했다면 주말은 쉬어야 한다. 단, 엔진 시동을 정지시키듯이 무작정 쉬기만 해서도 안 된다. 과열된 엔진을 냉각시키지 않고 달리면 결국 자동차가 탈이 나듯이, 주말마저 온통 공부하는 데 시간을 사용한다면 얼마 가지 않아서 큰 저항에 부딪힐 것이다.

주말 공부는 여러 가지 사정 때문에 주중에 하지 못한 공부를 보충하는 정도여야 한다. 공부는 일주일 단위로 반드시 매듭을 짓고 넘어가야 한다. 주말은 이를 위한 완충의 시간으로 써야 한다. 이번 주에 완결지어야 할 공부가 다음 주로 넘어가기 시작하면 나중에는 공부할 양이 걷잡을 수 없이 늘어나서 아무리 애써도 해결하지 못한다.

주중에 주요 과목 위주로 학습하는 경우가 많기 때문에 주말은 취약한 과목이나 탐구 과목을 집중해서 공부하는 기회로 삼는 것도 좋다. 주요 과목의 경우 심화 학습을 통해 평상시 자신 없는 파트를 공략하는 시간을 따로 갖는 것도 좋은 방법이다. 공부는 공부대로 계속되어야 하기 때문에 주말이라고 해 봐야 쉬는 시간은 지극히 제한되어 있다. 그렇기 때문에 MAP 공부법은 주말을 효과적으로 사용하기 위해 더없이 필요하다. 적당히 자르고 바꾸고 쉬는 작업이 연속해서 이루어져야 한다. 그래야 균형 잡힌 삶을 통해 효율적인 학습이 가능해지는 것이다.

결국 주말 학습은 주중 학습의 연속이다. 주중 성취도에 따라 유연하게 조정 가능한 여지를 남겨 놓아야 한다. 주말 자체의 균형도 중요하지만 일주일 전체 균형을 잡는 역할도 주말에 달려 있다. 균형 잡힌 생활을 통해 주말을 효과적으로 사용하려면 일주일간의 생활 패턴을 명확하게 파악해야 한다. 하지만 객관적 근거를 바탕으로 분명히 파악한다는 것은 결코 쉽지 않다. 그래서 데이터가 필요하다. MAP 공부법에서 데이터를 만들어야 하는 이유다.

"주말은 주중에 만나는 방학이다."

주말은 주중에 만나는 방학이다. 방학이라고 놀기만 할 수도 없고 공부만 해도 안 되는 것처럼 주말이라고 잠만 자도 안 되고 공부만 해도 안 된다. 공부와 휴식의 황금비율을 찾아야 한다. 우선 아침에 일어나는 시간을 평상시보다 한 시간 늦춘다.

기본적으로 주말에 잠을 몰아서 자야 하는 상황을 만들지 않아야 한다. 평상시에도 충분히 자야 한다. 하지만 휴일 아침에 한 시간 더 자는 잠은 큰 활력이 될 수 있다. 단, 그 이상 더 자면 오히려 수면의 질이 낮아지고 컨디션을 망칠 수 있으니 주의해야 한다.

주말 공부는 오전에 끝내겠다고 생각하는 것이 좋다. 오후에는 가족 행사라든지 봉사 활동 같은 일정이 생길 확률이 높기 때문이다. 가능한 한 두 개 이상의 일정은 피하는 것이 좋다. 예를 들어 저녁에 가족 모임이 있다면 그날 오후에 계획된 봉사 활동 같은 일정은 다른 날로 옮기는 것이 좋다.

주말은 저녁이 중요하다. 적어도 오후 7시부터는 공부하는 습관을 들이는 것이 좋다. 특히 일요일은 휴일이라고 밤늦게까지 TV나 영화를 본다든지 하면 수면을 방해해서 월요일의 정상 생활에 지장을 받는다. 그 여파는 자칫 화요일까지 이어질 수도 있기 때문에 주의해야 한다.

주말 저녁만큼은 공부로 인한 피로를 안고 잠자리에 들어야 자연스럽게 다음 날까지 컨디션을 유지할 수 있다. 휴일이라고 노는 걸로 끝장을 보려 하면 안 되는 것이다. 페이스 조절을 위해 휴식은 취하되 적정한 긴장을 유지하는 것이 필요하다. 시동을 켠 상태로 엔진을 냉각시키는 자동차를 기억하기 바란다.

방학 때 쉬기 : 개학 후 퀀텀 점프를 위해

성적을 올리기 위한 최적의 시간은 언제일까? 방학 때다. 방학이야말로 성적을 올리기 위한 최고의 기회다. 학기 중에는 진도 따라가기도 시간이 모자란다. 철저히 복습해서 배운 내용을 내 것으로 만들어야 하기 때문이다. 진짜 실력을 키우는 기회는 오직 방학뿐이다. 대부분의 학생이 방학을 제대로 이용하지 못한다. 불필요한 선행 학습에 대부분의 시간을 보내느라 정작 자기 공부를 등한시하기 때문이다. 공부 때문에 공부를 망치는 결과를 낳는다.

솔직히 방학을 잘 보내기 어려운 이유는 공부와 휴식 간에 균형을 맞추는 게 어렵기 때문이다. 공부하기는 오히려 쉽다. 학교에서 진행하는 보충 수업 다녀와서 학원 가거나 과외 수업 받고 숙제 좀 하다 보면 하루가 훌쩍 지나가 버린다. 책 한 권 읽기 힘든 빠듯한 일정이다. 제대로 쉬는 시간을 찾는 게 쉽지 않다.

방학이니 놀 수만 없어서 공부 좀 해 보려고 앉아도 집중이 안 된다. 조금만 쉬려고 했는데 금방 나태해져서 눕고 만다. 공부는 뒷전이다. 책상에서 한번 일어나면 다시 앉기가 싫어진다. 처음에는 계획도 거창하게 세우고 열심히 해 보리라 다짐도 했건만 역시나 아무런 소득 없이 방학 숙제만 몰아치기를 하다 끝나는 방학에 너무나도 익숙하다.

방학 때 쉬는 법을 터득해야 한다. 학기 중에는 눈코 뜰 새 없이 바쁘기 때문에 제대로 쉬는 시간을 확보하기가 힘들다. 학기 중에 쉬는 습관을 들이는 건 여간 어려운 일이 아니다. 시간 여유가 있는 방학 때 최우선으로 해야 하는 건 주말 공부에서 다루었듯이 공부가 아니라 휴식과 공부의 불균형을 해소하는 것이다.

방학 때 공부하지 않으면 언제 하느냐고 하겠지만 아니다.

방학 때 쉬지 않으면 또 언제 쉬겠는가. 공부가 완전하게 결실을 맺도록 지속되기 위해서는 휴식의 역할이 절대적으로 중요하다. 휴식과 공부의 균형을 제대로 맞추는 것은 방학 때가 아니면 사실상 불가능하다고 봐야 한다. 중고등학교 과정 중 모두 열두 번의 방학을 맞는데, 그동안 공부 잘하는 생활 습관이 완전히 자리 잡아야 한다.

특히 중학교 때는 공부에 직접 영향을 미치는 집중력, 효율적인 시간 관리, 휴식과 독서, 운동 같은 공부 인프라를 구축하는 데 주력해야 한다. 중학교 때 공부 좀 하다가 고등학교 진학해서 영 힘을 쓰지 못하는 경우를 자주 본다. 공부에 전념하느라 그 시기에 갖추어야 할 중요한 요소들을 꼼꼼하게 챙기지 못했기 때문이다.

고등학생도 마찬가지다. 모의고사 성적을 3년간 추적해 보면 점수가 향상되다가도 개학 직후에 일시 하락하는 현상이 공통으로 발견된다. 방학을 효율적으로 보내지 못했다는 증거다. 대부분의 학생이 방학 때 공부 페이스를 잃어버린다. 가장 큰 이유는 균형을 잃고 시간을 방만하게 운영하기 때문이다. 고등학생은 중학생에 비해 시간 여유가 없다. 시간 싸움은 의미가 없으므로 그만큼 효율을 높이는 방법으로 방향을 잡아야 한다. 방학은 위기이자 곧 기회라는 사실을 잊어서는 안 된다.

일단 방학은 늦잠 때문에 망한다. 그 많은 훌륭한 계획이 늦잠으로 인해 초장부터 틀어지고 만다. 첫 단추가 잘못 끼워진 것이다. 심지어는 점심때가 다 되어 일어나기도 한다. 늦게 시작한 만큼 하루가 빨리 지나간다. 밤이 되어서도 잠이 오지 않는다. 공부한다고 새벽까지 앉아 있지만 이미 효율은 물 건너간 상태다. 단순히 졸리지만 않을 뿐이지 정신이 멍한 상태로 시간만 보내는 것이다.

《인생을 바꾸는 아침 한 시간 노트》의 저자 야마모토 노리아키는 '야근 세 시간'은 '아침 한 시간'과 맞먹는다고 주장한다. 어젯밤에 세 시간을 공부했다면 대견하고 뿌듯한 마음이 들지 모르겠지만 아침에 했다면 한 시간에 끝낼 걸 두 시간이나 더 걸린 것이다.

늦게 잤으니 늦게 일어나는 것은 당연하다. 늦잠의 악순환이다. 이 생활 패턴에 익숙해지면 개학해서도 정상적인 일상으로 돌아오기 힘들어진다. 공부가 문제가 아니다. 바로 이 생활 습관이 문제다. 그래서 내가 처음에 사용한 학습 다이어리의 이름이 '생활 학습 점검표'였다. 생활이 우선이라는 것을 교육 현장에서 뼈저리게 느꼈기 때문이다.

일찍 자고 일찍 일어날 것. 깨어 있을 때 열심히 할 것. 이 같은 주문들은 지극히 평범하고 상식임에도 불구하고 대부분의 학생이 무시하기 때문에 오히려 특별한 것이 되어 버렸다. 요즘 학생들의 일상은 어떤가. 일단 아침에 억지로 깨워야 겨우 일어난다. 아침은 먹는 둥 마는 둥이다.

학교에 도착해서 수업이 시작되었지만 잠에서 깨어나지 못

한다. 이윽고 비몽사몽 간에 맞이한 점심시간. 점심을 먹고 정신을 차려 보리라 다짐했지만, 식사 시간에만 반짝했던 눈은 오후 수업 시작과 함께 스르륵 감기기 시작한다. 그날의 컨디션이 최상일 때는 일과를 마치고 종례가 끝날 즈음이다. 하루 중 최고의 컨디션을 회복하는 순간이다. 그런데 가장 공부를 잘할 수 있는 그 시간을 쓸데없는 일로 낭비한다. 친구들과 어울려 PC방에 가는 식이다.

이런저런 이유로 책상 앞에 앉을 여유가 없다. 그도 그럴 것이 저녁 식사 직전까지가 개인적인 여유를 가질 수 있는 유일한 시간이기 때문이다. 저녁 식사 후에 야자를 하든, 학원에 가든 공부를 한다고는 하지만 벌써 집중력은 떨어지고 학습 능률도 떨어지기 마련이다. 결국 밤 10시 이후에 공부나 숙제를 하느라 새벽 2시를 훌쩍 넘기는 것이 일상이 되어 버렸다. 악순환의 고리가 꼬리에 꼬리를 문다.

사정이 이렇다 보니 대부분의 학생에게 일찍 자고 일찍 일어나는 것은 상식 밖의 일이 되어 버리고 말았다. 이 악순환의 고리를 끊어야 한다. 박철민의《하루 공부법》을 보면 그가 어떻게 평범한 학생에서 한국을 대표하는 공부 멘토가 되었는지 알 수 있다. 그가 선택해서 성공한 전략을 한마디로 요약하자면 '일찍 자고 일찍 일어나서 깨어 있는 동안 열심히 공부하기'다. 아침 일찍부터 공부를 시작한 그는 밤 9시가 되었을 때 쌩쌩한 친구들을 이해할 수 없다고 말한다. 열심히 살지 않았다는 증

거라는 것이다.

맞는 말이다. 앞에서 언급한 것처럼 학생들의 일상이 심하게 왜곡되어 있다. 낮에 자고 밤에 공부한다. 공부할 때 놀고, 놀 때 공부 걱정을 한다. 수학 시간에 영어 숙제를 하고, 영어 시간에 국어 숙제를 한다. 이런 악순환의 고리를 확실하게 끊으려면 방학을 잘 활용해야 한다. 방학을 살려야 한다. 명심하라. 지금처럼 방학을 보냈다가는 지금 받는 성적에서 더 이상 떨어지지 않으면 다행이라는 사실을.

**"MAP 공부법은 주도적인 학습 시간이 많을수록
뛰어난 효과를 보인다."**

MAP 공부법을 가장 잘 적용할 수 있는 시기도 방학이다. MAP 공부법은 자신이 주도적으로 사용할 수 있는 시간이 길면 길수록 확실한 효과를 보여 왔다. 공부를 열심히 했든, 정신없이 놀아 버려서 공부에 망했든 상관없이 나의 모든 것을 투영하는 데이터를 만들어야 한다.

흔히 학습 플래너에 공부한 시간과 과목만 적는데, 기록하지 않은 것보다야 훨씬 좋지만 그것으로는 자신의 생활 패턴을 읽는 데 한계가 있다. MAP 공부법은 성공의 기억을 중요시하는 만큼 실패의 경험도 중시한다. 실패를 극복하는 방향으로 나아가려고 노력할 때 더 큰 성장과 발전을 기대할 수 있기 때문이다.

다 기록해야 한다. 신나게 노느라고 공부를 못 했다면 도대체 어떻게 놀았기에 그렇게 신이 났는지, 너무 슬퍼서 공부할 수 없었다면 무슨 이유로 공부도 못 할 만큼 슬펐는지, 뛸 듯이 기뻐서 공부에 실패했다면 누구 때문에 왜 그렇게 기뻤는지 다 기록하는 것이다. 그게 나를 세우는 진정한 데이터 역할을 톡톡히 해낼 것이다.

열심히 공부하겠다고 다짐해 봤자 실패할 것이 확실하니까 아예 계획조차 세우지 않는 경우도 있다. 하지만 왜 실패했는지 살펴봐야 한다. 방학 때 놀기만 하면 안 된다는 생각은 누구나 한다. 방학은 공부해야 하는 때라고 머릿속에 각인되어 있기 때문이다.

그런데 공부 부담을 안고 시작한 방학은 공부도 제대로 하지 못하면서 잘 쉬지도 못하는 찝찝하고 어정쩡한 방학으로 끝나기 마련이다. 많은 학생이 갖는 고민이다. 인식을 바꿔야 한다. 방학 때는 무조건 잘 쉬어야 한다. 쉬는 것이 1순위다. 방학은 충분히 쉬면서 필요한 공부를 해 나가는 시기라고 새롭게 인식해야 한다.

일상을 착실하게 기록해서 그 기록을 토대로 평가하고 조정한 다음 보상이라는 과정을 통해 원하는 행동을 강화해 나간다면 얼마 지나지 않아 성공리에 방학을 보내는 자신을 발견할 것이다. 방학을 거치면서 성적 또한 비약적으로 상승하는 건 당연한 결과다.

REST에 관련된 FAQ

Q1 왜 꼭 10분이어야 하나요?

A1 10분이어야 하는 이유는 뇌가 가진 '관성의 법칙' 때문입니다. 일단 10분보다 덜 쉬면 피로가 완전히 해소되지 않습니다. 그렇게 되면 휴식 이후 공부의 질이 떨어지겠지요. 휴식을 취하고 다시 공부할 때 곧바로 졸음이 쏟아지는 경우는 물론 잠이 부족해서일 수도 있겠지만 휴식 시간이 모자라기 때문일 수도 있습니다. 그리고 10분을 넘기면 계속 쉬고 싶어집니다. 공부 긴장이 어느 정도 남아 있을 때 다시 공부에 임해야 지속적인 공부가 가능합니다. 뇌과학자들은 10분이 긴장의 끈을 놓지 않은 상태에서 휴식을 취할 수 있는 최적의 시간이라고 말합니다.

Q2 쉬는 시간에 영어 단어 정도는 외울 수 있지 않을까요?

A2 가능합니다. 그러나 기본으로 한 과목을 끝내고 휴식을 취할 때는 창밖을 멍하니 내다보거나 조용히 눈을 감고 휴식을 취하는 것이 가장 좋습니다. 꼭 영어 단어를 외워야 한다면 영어 공부 전후는 피해야 합니다. 예를 들어 국-수-국-영으로 오전 공부를 한다면 국어와 영어 사이는 그냥 쉬고 국어와 수학

사이 또는 수학과 국어 사이에 10분 정도 외울 것을 권합니다. 하지만 10분 휴식은 아무것도 안 하고 쉬는 게 원칙입니다.

Q3 공부 시작한 지 10분 만에 집중이 안 돼서 과목을 바꿀 때도 쉬나요?

A3 그렇지 않습니다. 바로 과목을 바꿔서 공부하면 됩니다. 다만 과목을 바꿨는데도 집중이 안 된다면 10분 정도 쉬었다가 다시 도전해 보는 것도 방법입니다. 그래도 집중이 안 될 때는 근본 이유를 찾아볼 필요가 있습니다. 공부 욕구가 생길 때까지 20~30분 시간을 두고 목표를 달성한 자신의 모습을 상상해 보거나 주간이나 월간 계획을 다시 한 번 점검해 보는 것도 도움이 됩니다. 그래도 공부가 안될 때는 과감히 책을 덮고 음악 감상을 하거나 자기개발서를 읽는다든지, 아니면 산책 후에 샤워를 하는 등 공부 욕구를 북돋운 뒤 공부에 임하는 것이 좋습니다.

5장
MAP 공부법 두 번째, ANALYZE(분석하라)

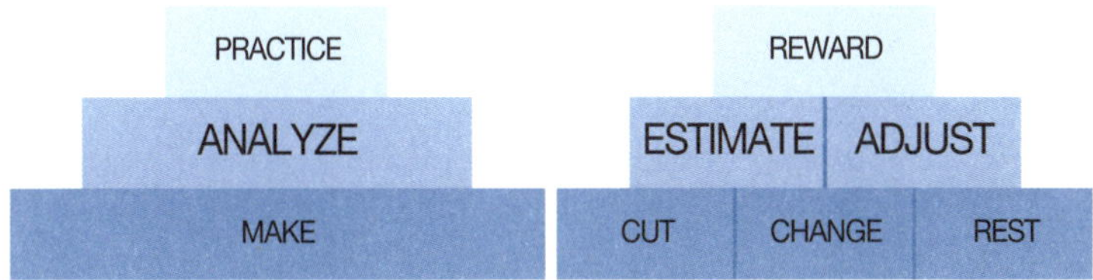

1) 무엇을 분석하는가

어제와 똑같이 살면서 다른 미래를 기대하는 것은 정신 질환 초기 증세다.
- 아인슈타인

데이터를 분석하라

아무리 좋은 데이터를 만들었다 해도 분석을 통해 활용 방안을 찾지 못한다면 그것을 만들기 위한 모든 수고와 노력이 헛되고 말 것이다. 스마트 기기가 보급되고 애플리케이션이 발달

하면서 다이어리를 쓰는 사람이 많이 줄어들긴 했어도 손글씨의 매력과 아날로그 감성을 자극하는 꾸미는 재미 때문에 아직도 많은 사람이 종이 다이어리를 고수하고 있다.

다만 한 가지 안타까운 점은 다이어리를 비망록 내지는 스케줄러 기능만으로 제한하거나, 예쁘게 꾸미는 걸 취미 생활 정도로 여기는 것이다. 좋은 자료를 가지고 있으면서도 분석을 통해 성찰을 위한 도구로 사용하지 못하는 것 같다. 코칭 수업을 하면서 공부 다이어리를 쓰지만 자신의 공부 스타일이나 생활 습관을 정확하게 드러내기보다는 단순히 공부 계획과 달성 여부만 체크하는 수준에 머무는 것을 발견했다.

한국외국어대 중국외교통상학부 김예지 양은 MAP 공부법을 만나기 전까지 오랜 시간 학습 플래너를 사용했음에도 불구하고 자신의 문제를 정확히 알지 못한 채 자기만족을 위한 공부만 했다고 말한다.

MAP 공부법으로 분석하는 법을 익히고 나서 만든 데이터를 토대로 객관적인 평가를 거쳐 자신의 진짜 문제를 발견했고, 조정을 통해 문제를 해결하는 데 성공했다.

김양이 자신의 플래너로 문제를 제대로 분석하지 못한 이유는 데이터가 빈약했기 때문이다. 한마디로 분석 거리가 없었던 것이다. 앞장에서 데이터 만드는 법에 대해 자세히 알아보았다. 당신은 적어도 데이터를 만들어야 하는 이유에 공감했으리라 믿는다. 그렇다면 만들어야 한다. 그리고 분석해야 한다. 분석은 데이터를 자기 것으로 만드는 작업이다. 만들고 분석하는 순간 성공의 문으로 들어선 것이다.

2) 왜 분석해야 하는가

자기반성은 지혜를 배우는 학교다.

- 그라시안

데이터는 분석을 통해 생명을 부여받는다

분석이 왜 필요한가. 데이터는 분석을 통해 생명을 부여받기 때문이다. 분석을 통한 자기 성찰이 없다면 데이터를 만드는 행위는 시간 낭비에 불과하다. 주자는 "매일 반성하라. 만약 잘못이 있으면 고치고, 없으면 더 반성해 보라."고 일렀다. 아무런 기록 없이 잠자리에 누워 그날 있었던 일을 떠올려 보라. 하루도 지나지 않았는데 가물가물하다.

"기록은 분석을 통한 성찰의 도구다."

기억력은 믿고 의지할 만한 것이 못 된다. 기억력은 한계가 있다. 인간은 망각의 동물이다. 기록은 성찰로 가는 지도, 즉

MAP이다. 처음부터 기록의 목적이 분명해야 한다. 기록은 분석을 통한 성찰의 도구다. 그렇기 때문에 모든 것을 빠짐없이 기록해야 한다.

데이터를 분석하는 이유는 방향 감각을 상실하지 않기 위해서다. 공부에 열중하느라 방향 감각을 상실한 사람은 입시만 눈에 들어오게 되어 있다. 인생의 전부가 입시로 귀결된다. 입시가 중요하게 생각되고 입시에 모든 인생을 건다. 그렇게 되면 어떻게 된다고 했는가. 시험이 두려워지기 시작한다. 뇌가 긴장하기 시작한다. 중압감이 밀려온다. 시험에서 범하는 실수는 곧 인생 실패로 이어진다고 생각하기 때문이다.

이 시점에서 공부의 이유를 생각해 볼 필요가 있다. 공부의 이유가 분명한 사람은 중심을 잡고 방향 감각을 상실하지 않는다. 당신은 왜 공부하는가. 단순히 좋은 성적으로 원하는 대학에 진학하기 위해서인가. 그것도 틀린 말은 아니다. 좋은 회사에 취직하기 위해서라고 하는 사람도 있을 것이고, 부모님에게 효도하기 위해서라고 할 수도 있을 것이다. 모두가 옳다. 하지만 그런 공부는 억지 공부라고 이미 밝혔다. "그럼 나보고 어쩌란 말이냐?" 하는 소리가 여기저기서 들리는 듯하다.

공부하는 이유는 단순하고 명료하다. 나는 공부의 이유를 '더 나은 사람'이 되기 위해서라고 정의한다. 나는 당신이 '더 나은 사람'이 되기 위해 공부하기를 바란다. MAP 공부법을 처음 기획할 때부터 '어떻게 하면 학생들이 공부의 노예가 되지 않고 좀 더 높은 차원의 공부를 하면서도 좋은 성과를 올릴 수 있을까'에 대한 물음에서 시작했다. 그 해답은 자신의 인생에 대해 진지하게 고민하고 깊이 생각할 시간을 돌려주는 데 있다고 결론지었다. '더 나은 사람'이 되기 위한 공부를 계획할 때 비로소 MAP 공부법이 실현되리라는 걸 깨달은 것이다.

당신이 장차 어떤 모습으로 살아갈 것인가 하는 문제는 나와 별 상관이 없다. 하지만 나는 당신이 어느 분야에서든 더 나은 사람이 되기 위해 노력하며 성장하기를 진심으로 바란다. 그런 자세로 공부에 임하면 데이터를 좀 더 근원적인 시각에서 분석할 것이다. 여기 그렇게 살고자 노력하는 건강한 청년이 있어 소개하고자 한다.

제31회 하계올림픽이 2016년 8월 6일부터 22일까지 브라질 리우데자네이루에서 열렸다. 올림픽 폐막을 코앞에 두고 인터넷에서 화제가 된 선수가 있었다. 한국 태권도 국가대표 이대훈 선수다. 그는 금메달 유망주였지만 8강전에서 요르단 선수에게 패한 직후 상대에게 진심 어린 축하로 자신의 패배를 깨끗이 인정했다. 뿐만 아니라 인터뷰에서 "상대가 생각보다 훨씬 훌륭하고 모든 면에서 즐기는 선수였다. 상황마다 즐기며 대처하는 모습에 나도 많이 배웠다."라며 상대 선수를 한껏 치켜세웠다. 그는 이어 "어릴 땐 경기에 지면 슬퍼하기 바빴지만 이제는 상대를 존중하는 선수가 되고 싶었다"면서 "올림픽에서 메달을 따지 못했다고 내 인생이 끝나는 게 아니다. 더 나은 사람이 되기 위해 또 한 가지 경험을 했다고 생각한다"라고 덧붙였다.

스물다섯 살 젊은이의 훌륭한 모습을 보며 학교에서, 학원에서 불철주야 공부에 힘쓰는 학생들의 모습이 떠올랐다. 학생들보다 더 조급해하고 초조해하며 안절부절못하는 부모들의 모습이 교차되었다. 당신은 이 인터뷰를 보고 무슨 생각이 드는가. 이 젊은 친구는 태권도를 하는 이유를 분명히 알았기에 상대를 존중할 수 있었던 것이다.

그가 바라는 것은 메달이 아니었다. '더 나은 사람'이 되기 위해서 태권도를 하고 있었다. 그에게 메달은 '더 나은 사람'이 되었을 때 따라오는 부차적인 것이었다. 태권도가 아니라 다른 일을 했어도 같은 생각을 가졌을 것이다. 생각이 바로잡혀 있기 때문이다. 그가 인터뷰에서 한 말들은 죽어라 운동만 한 사람의 입에서는 나올 수 없는 것이다. 태권도를 하면서도 '태권도를 하는 이유'에 대해 끊임없이 생각하고 고민했을 것이다.

당신은 무엇 때문에 공부하는가. MAP 공부법은 더 나은 사람이 되기 위한 공부법이다. 나는 당신이 더 나은 사람이 되어서 원하는 대학에 진학하기를 간절히 바란다. 더 나은 대학생, 더 나은 직장인, 더 나은 공무원이 되면 소원이 없겠다. 우리 모두 더 나은 사람이 되기 위해서 살아간다면 세상이 얼마나 살기 좋은 곳이 되겠는가.

공부에 성공해서 많은 사람에게 비전을 제시하고 꿈을 실현하도록 돕는 삶을 살겠다는 열망이 없다면, 그래서 부와 명예가 아니라 마음에서 우러나오는 존경과 신뢰를 받고자 하는 기대와 포부가 없다면 도대체 공부는 왜 한단 말인가.

우리는 '더 나은 사람'이 되기 위해 공부해야 한다. 그 공부를 효과적으로 하기 위해 데이터도 만들고 분석도 하는 것이다. 성적은 부차적인 것이고 따라오는 것이다. 성적은 성장의 결과물이 되어야 한다. 앤드루 매튜스가 "중요한 건 목표를 이루는 게 아니라 그 과정에서 무엇을 배우며 얼마나 열심히 성장하느냐 하는 것이다."라고 말한 것처럼.

3) 어떻게 분석할 것인가

성공하는 사람은 길을 찾고 실패하는 사람은 변명을 구한다.
- 레오 아길라

ANALYZE 1단계, ESTIMATE : 평가하라

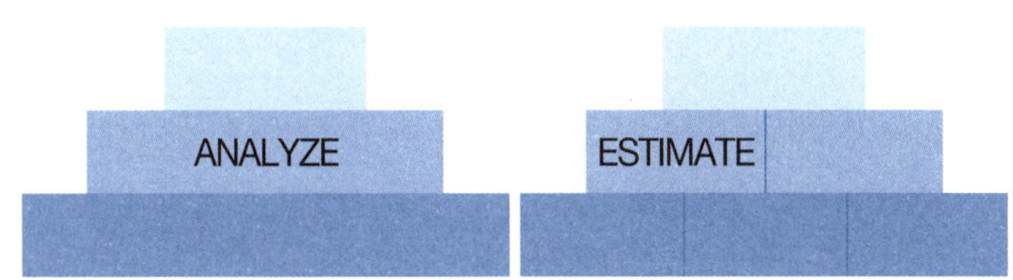

분석은 평가로 시작된다. 평가의 중요성은 이루 말할 수가 없다.《교육 평가 용어 사전》(학지사)에 따르면 평가란 '평가 대상의 장점과 가치를 결정하는 과정'이다. 그렇다, MAP 공부법으로 만든 나만의 생활 학습 데이터를 평가하는 작업은 내가 추구하는 가치를 알아보고, 그것이 얼마나 나의 목표와 부합되는지 판단하기 위한 것이다. 평가를 통해서 방향과 속도를 점검하고 수정할 수 있다. 올바른 평가 없이는 분석도 없다. 평가 없이는 진보나 발전을 기대할 수 없는 것이다.

공부와 관련된 데이터를 분석할 때는 어쩔 수 없이 시간으로 평가할 수밖에 없다. 결국 시간 사용의 비중에 따라서 나의 가치가 결정되기 때문이다. 한 사람의 경제관을 알고 싶다면 많은 돈을 주고 그 사람의 소비 성향을 조사해 보면 알 수 있을 것이다. 돈 가는 곳에 마음이 간다고 하지 않는가. 자신이 가치 있다고 판단한 부분에 지출할 때는 아까워하지 않는다. 나는 플루트 연주가 취미다 보니 악기 사는 데는 돈을 아끼지 않을 것 같다. 어떤 이는 옷에, 또 어떤 이는 음식에 투자하는 돈을 아까워하지 않을 것이다. 거기에서 그 사람의 가치관이나 철학이 드러나게 되어 있다.

수험생처럼 제한된 시간에 많은 일을 수행해야 한다면 시간에 민감할 수밖에 없다. 그럴수록 시간의 사용처를 면밀하게 평가해야 한다. 가장 좋은 평가 방법은 시간 전수 조사다. 가능하면 품목을 세분화해서 시간 통계를 작성하는 것이다. 매일 15

분에서 20분만 투자하면 그날의 시간 통계를 낼 수 있다. 일주일에 두 시간, 한 달에 하루 정도는 평가를 위한 시간으로 써야 한다. 성찰과 반성의 시간은 반드시 필요하기 때문이다. 시간의 압박 때문에 성찰의 시간을 등한시하면 길을 잃고 방황하다가 결국 억지 공부, 시간 때우기 공부로 돌아가게 되어 있다.

내가 최근 들어 가장 감명 깊게 읽은 책이 닐 알렉산드로비치 그라닌의 《시간을 정복한 남자 류비셰프》다. 그의 삶은 데이터를 만들고 평가하는 작업이 시간을 낭비하지 않고 의미 있게 살기 위해 얼마나 중요한가를 잘 보여 준다. 그는 MAP 공부법을 실천에 옮겨 성공을 거둔 인물이다. 그의 정신이 MAP 공부법의 기본 정신과 정확히 일치한다. 책 뒤표지에 '신이 인간에게 부여한 가능성의 최대치를 살고 간 사람!'이라는 제목 아래 다음의 글이 있다.

"매일 여덟 시간 이상을 자고 운동과 산책을 한가로이 즐겼으며 한 해 평균 60여 차례의 공연과 전시를 관람한 사람이다. 보통 남자들이 그렇듯 가족을 부양하기 위해 직장에 다니고, 동료와 후배들에게 애정 어린 편지를 즐겨 쓴 사람….

1972년 8월 31일 구소련의 과학자인 류비셰프가 82세를 일기로 세상을 떠났을 때, 그가 세상에 남겨 놓은 것은 70권의 학술 서적과 총 1만 2,500여 장(단행본 100권 분량)에 달하는 연구 논문 그리고 방대한 분량의 학술 자료였다.

인간 능력의 한계를 여지없이 비웃는 엄청난 양의 원고 앞에서 놀란 사람들은 이후에 속속 밝혀지는 류비셰프의 학문적 성과와 철학, 역사, 문학, 윤리학을 종횡무진 넘나드는 독창적 이론에 다시 한번 할 말을 잃고 말았다. 도대체 그 무엇이 류비셰프가 이토록 엄청난 일을 할 수 있도록 도운 것일까?”

그를 도운 것은 바로 ‘기록’이었다. 그는 1916년부터 1972년 세상을 떠나는 마지막 그날까지 56년 동안 단 하루도 빠짐없이 자신이 사용한 시간을 기록했다. 논문 집필 시간, 독서 시간, 편지를 쓴 시간, 심지어는 이동 시간까지 정확히 계산했다. 전쟁도, 사랑하는 아들의 죽음도 그의 기록을 막지 못했다. 그가 한 일이라고는 사용한 시간에 대한 시간 통계를 노트에 기록한 것 뿐이었다.

그러나 단지 기록에 멈췄다면, 통계 내는 데 그쳤다면 아무런 변화도 없었을 것이고, 우리에게 알려지지도 않았을 것이다. 기록만 열심히 하는 평범한 사람은 우리 주변에서도 어렵지 않게 볼 수 있기 때문이다. 그가 보통의 우리와 다른 점은 시간 통계 자료를 기반으로 매년 자신의 작업 시간, 성취도 등을 평가했다는 것이다. 정확한 기록이 주는 정확한 수치를 가지고 분석, 즉 올바른 평가를 했기에 그의 이름이 회자되는 것이다.

그는 시간 통계 방법 외에도 몇 가지 생활 원칙을 지켰다. 나는 이 원칙들을 보면서 류비셰프가 시간 통계를 성공리에 작성할 수밖에 없는 이유를 발견했다. MAP 공부법에서 데이터를 성공리에 만들고 분석하는 데 큰 도움이 되리라 확신한다. 그의 원칙들은 다음과 같다.

1. 의무로 하는 일은 맡지 않는다.
2. 시간에 쫓기는 일은 맡지 않는다.
3. 피로를 느끼면 바로 일을 중단하고 휴식한다.
4. 열 시간 정도 충분히 잔다.
5. 힘든 일과 즐거운 일을 적당히 섞는다.

그의 이 다섯 가지 원칙은 MAP 공부법과 상당 부분 일치하고 있다. 류비셰프의 일대기를 읽으며 류비셰프야말로 MAP 공부법을 실천해서 성공한 인물이라고 인정할 수밖에 없었다. 사실 이들 원칙을 면밀히 살펴보면 어떤 의미에서 류비셰프는 약은 사람이라고 할 수도 있을 것이다. 혹자는 "뭐야, 그런 조건이면 나도 할 수 있겠네. 너무 비현실적인 거 아냐?"라고 반문할 수도 있을 것이다. 하지만 류비셰프는 철저히 이기는 방법을 택했다. 실패의 여지가 있거나 일을 그르치는 상황 자체를 만들지 않겠다는 의지가 서려 있다.

《손자병법(孫子兵法)》에 '선승구전(先勝求戰)'이라는 말이 나온다. 고수는 땀을 흘리지 않는다는 말과 통한다. 승자는 이미 승리를 만들어 놓고 싸우기 때문에 힘들이지 않고 승리를 얻어

낸다는 뜻이다. 류비셰프는 이미 이긴 게임을 한 것이다. 그의 시간 통계는 성공할 수밖에 없었다.

MAP 공부법에서 평가가 중요한 이유는 MAP 공부법으로 세운 원칙들이 잘 수행되는지 손바닥 보듯 훤하게 꿰뚫고 있어야 하기 때문이다. 이 평가 작업을 통해 자신의 시간 활용 스타일이라든지 패턴을 완전히 파악할 수 있다. 타고난 감각의 소유자가 아닌 이상 이 방법 말고는 없다.

솔직히 다른 사람들은 자신이 살아가는 모습을 어떻게 이해하는지 모르겠다. 내가 아는 한 대부분의 사람은 모른 채 살아간다. 아니, 모른다는 사실조차 모르고 평생을 살아간다. 참으로 무서운 일이다. 가슴 아픈 일이다. 적어도 이 글을 읽는 당신은 그런 인생을 살아서는 안 된다.

그래서 더더욱 그를 본받아야 한다. 그가 세운 생활 원칙들을 보며 우리의 원칙들은 무엇인지 돌아볼 수 있어야 한다. 대부분은 류비셰프가 제시한 원칙들과 한참 동떨어진 원칙들일 것이다. 우리가 지금까지 공부에 실패해 온 가장 큰 이유는 실패할 수밖에 없는 방법을 고수해 왔기 때문이라고 누차 강조했다.

선승구전의 자세로 공부에 임하지 못했기 때문이다. 우리 탓이 아니라고 했다. 굳이 이유를 따지자면 배우지 못했기 때문이라고 했다. 아무도 가르쳐 주지 않았기 때문이다. 이제 MAP 공부법으로 공부에서 성공하는 방법들을 분명하게 제시했다. 지금부터는 아무도 핑계 대지 못할 것이다. MAP 공부법을 따

르기로 선택하는 순간 되는 방법을 붙든 것이다. MAP 공부법
으로 반드시 공부에 성공하자.

"선승구전 필살기, 평가 전략 첫 번째는 시간 통계다."

선승구전 필살기, 평가 전략 첫 번째는 시간 통계다. 그림 7은
시간 통계의 한 유형을 보여 준다. 우선 과목별 공부 시간을 계
산한다. 노트를 10분 단위로 만들면 칸의 개수에 10을 곱해서
시간을 쉽게 구할 수 있다. 과목별 공부 시간이 필요한 이유는
과목 간 편중을 막기 위해서다.

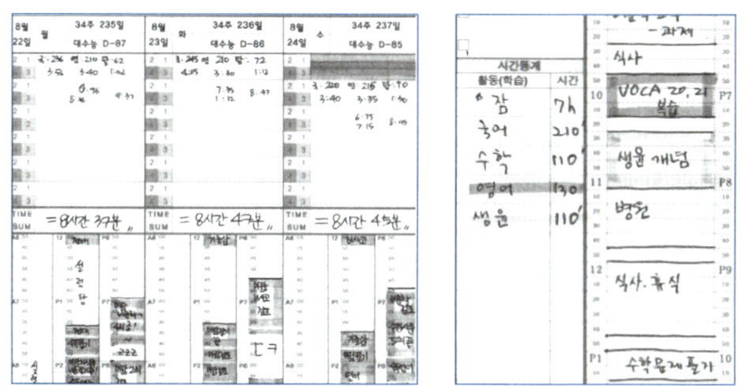

[그림 7] 매일 작성한 시간 통계의 예

시간 통계가 필요한 이유는 앞서 제시한 김예지 학생의 예에
서도 알 수 있듯이 해결해야 할 문제는 그대로 방치된 채 불필
요한 과목에 시간이 편중된 경우가 많기 때문이다. 시간 통계를
통해 평가하는 과정을 거치지 않는다면 많은 공부에도 불구하고

문제는 해결되지 못한 채 뇌관으로 남고 만다. 주력 과목이 있다면 그에 합당한 시간을 투입하는지 평가를 통해 밝혀야 한다. 주력 과목은 성적이 안 나오는 과목일 공산이 크다. 어려우니까 성적이 안 나오는 것일 테고 당연히 공부하기도 힘든 과목일 것이다. 주력 과목이 아니라 회피 과목으로 전락한 것은 아닌지 정확하고 냉정하게 평가하여 모니터링해야 한다.

알고 있는가, 그런 과목일수록 공부하기 싫어진다는 불편한 진실을. 형식적인 공부에 그치는 등 오히려 주력 과목에 시간과 노력을 덜 들이는 경우가 많다. 그나마 MAP 공부법에 의한 평가가 이루어졌을 때나 발견할 수 있는 사실이다. 인간은 문제 앞에서 회피하고 싶어 한다. 뇌의 특성에서 우러나오는 지극히 자연스러운 현상이다. 자신의 부끄러운 민낯과 마주할 자신이 없다. 합리화의 제왕들이다. 어렵고, 힘들고, 안 되는 과목은 다 이유가 있기 마련이다. 대부분 문제를 묻어 두거나 해결을 미루기 때문이다. 내게 스트레스를 많이 주고 내가 신경을 많이 쓴다고 해서 저절로 성적이 오르는 것은 결코 아니다.

상담할 때 수학이 주력 과목이라고 했는데 막상 코칭 수업 시간에 데이터를 보니 공부하는 열 시간 중 수학은 취침 직전에 단 두 시간만 하는 경우도 있었다. 그나마 데이터를 잘 만들었기 때문에 이 같은 평가가 가능했다. 그렇지 않았더라면 여전히 주력 과목은 내팽개친 상태에서 쓸데없는 공부를 하느라 시간과 노력을 낭비했을 것이다.

이 친구는 수학이 부담스러웠다. 때문에 자신이 좋아하는 과목, 어렵지 않은 과목부터 공부하기 시작한 것이다. 일반적으로 많은 사람이 추천하는 방법이고 나쁘지 않다고 생각한다. 문제는 어렵고 힘든 과목이 끼어들 여지가 없었다는 것. 자꾸 뒤로 미루다 보니 안 할 수는 없어서 잠들기 전에 반강제로 공부한 것이다. 그것이 형식적인 공부다.

물론 본인은 수학 때문에 하루 종일 마음이 편치 않았을 것이다. 막상 공부하려고 수학책을 펴들면 에너지도 고갈되고 집중력도 많이 떨어진 상태다. 밤은 늦었고 컨디션은 졸리거나 멍하거나 둘 중 하나다. 어려운 수학이 더 어려울 수밖에 없다. 형식적인 공부의 전형적인 모습이다. 그렇게 공부해서는 절대로 성적을 올릴 수 없다. 그러면서도 그 사실조차 느끼지 못한 이유는 수학 때문에 하루 종일 스트레스를 받아 왔기 때문이다. 힘들 때 어렵고 힘든 공부를 했기 때문에 적은 시간을 공부했는데도 하루 종일 수학을 공부한 것처럼 피로를 느끼는 것이다.

사실 대부분의 학생이 갖는 문제다. 객관적인 데이터를 바탕으로 공부 시간을 재구성해야 한다. 그래서 시간을 자르고 과목을 바꾸라고 한 것이다. 그 학생에게 내린 처방은 단순하고 간결하다. 수학을 위로 끌어올리는 것밖에 대안이 없다. 이 문제를 방치하다 시험 때가 다가오면 수학은 주력 과목에서 포기 과목으로 전락할 것이다.

시간 통계는 정확한 평가를 위해 필수불가결한 요소다. 평가가

더 정확하고 정교해지려면 공부 시간뿐 아니라 쉬는 시간과 실패한 시간, 여가 시간, 수면 시간 등에 대한 통계가 있어야 한다. 이 작업을 위해 필요한 시간은 하루 10~15분 정도다. 매일의 데이터를 통해 누적 기록을 적어 둔다면 주말이나 월말 평가 때 훨씬 수월하게 끝낼 수 있다.

"선승구전 필살기, 평가 전략 두 번째는 CCR 평가다."

선승구전 필살기, 평가 전략 두 번째는 CCR 평가다. 데이터를 구성하는 가장 큰 요소는 누가 뭐라 해도 CCR이다. 얼마나 잘 자르고 잘 바꾸고 잘 쉬었는가를 평가해야 한다. 전체 시간 통계와는 다른 문제다. 시간 통계가 단순히 산술적인 시간의 총합이라면 CCR 평가는 그 시간들이 어떻게 분산되고 분배되었는지에 대한 평가, 곧 CCR이 원활하게 돌아가는가를 보는 평가다. 시간 통계상 같은 여섯 시간을 공부했더라도 몇 번으로 나눠서 공부했느냐, 사이사이에 몇 과목을 바꿔서 했느냐에 따라 공부한 내용과 질이 크게 달라진다.

여기서 류비셰프의 다섯 가지 생활 원칙을 다시 한번 떠올려 볼 필요가 있다. 류비셰프가 생활 원칙을 만들고 그대로 지킨 것처럼 MAP 공부법의 성공 원칙이 잘 구현되고 있는지 평가해야 한다. CCR 평가를 통해 자신의 학습 성향이 구체적으로 드러나게 해야 한다. 평가자는 그 데이터를 통해 MAP 공부법에서 이탈하지 않도록 완벽한 모니터링을 해내야 한다.

MAP 공부법은 이기는 공부법이다. 당신은 MAP 공부법으로 승기를 확실하게 잡고 다 이겨 놓은 공부를 하면 되는 것이다. 그렇게 되기 위해서 CCR 평가를 통해 문제는 무엇이고 변수는 무엇인지 면밀히 살펴야 한다. 해결책이나 대안 또는 보완책을 마련해야 한다.

ANALYZE 2단계, ADJUST : 조정하라

분석은 조정으로 끝난다. 계획은 현재를 기반으로 미래를 설계하는 것이고, 조정은 과거를 토대로 현재를 디자인하는 것이다. 계획이 매번 실패하는 이유는 현실에 기반을 두지 않았기 때문이다. 그렇게는 살아 본 적도 없고 계획을 세웠다고 갑자기 그대로 살아지지도 않는다. 내 삶이 아니기에 성공할 리가 없다. 계획이 중요하다고들 하니까 계획은 다 세운다. 그런데 10대를 지나면서 계획을 세우라고 하면 시큰둥하다. 그게 이룰 수 없는 꿈이라는 사실을 경험으로 터득했기 때문이다. 한마디로 시간 낭비라는 것이다.

내비게이션에 목적지를 입력하고 전체 경로를 선택하는 것을 계획이라고 한다면 경로를 이탈했을 때 경로를 수정하는 작업, 과속 여부나 사고 다발 지역을 알려 주는 것들이 조정에 해당한다. 목표를 정하고 계획을 수립하는 것도 매우 중요하지만 매일매일 공부하는 삶에서 더욱 필요한 것은 그때그때 길을 잃지 않고 더 빠르고 안전하게 목적지까지 이끌어 줄 조정이다.

조정은 자기 주도 학습의 꽃이다. 조정을 통해 자기통제감이나 자기효능감이 절정에 이른다. 자신의 삶을 조망함으로써 필요한 시간을 늘리고 불필요한 시간을 줄일 수 있다. 그것을 판단하고 결정하는 유일한 사람은 자기 자신뿐이다. 이 사실에 희열을 느낀다면 확실히 가능성이 있다고 믿을 만하다.

시간 통계 평가 내용을 바탕으로 조정해야 하는 것은 크게 세 가지다.

첫 번째, **과목 간의 균형을 조정해야 한다.** 일주일 기준으로 주요 과목과 선택 과목, 주력 과목과 전략 과목 간의 시간 조정은 성적을 올리는 데 가장 필요한 요소다. 이유는 단 하나, 해야 하는 공부는 어떻게 해서든 해야 한다는 것. 자투리 시간을 잘 활용하는 것이 중요하다고 하지만, 그래도 공부는 절대 시간 확보가 가장 중요하다. 무조건 많은 시간을 사용한다고 좋은 결과를 가져오는 것은 아니지만 시간을 전혀 쓰지 않고서는 어떠한 변화도 기대할 수 없기 때문이다.

오히려 시간을 너무 많이 쓰면 불필요한 공부의 양이 늘어나 효율성이 떨어질 위험이 크다. 그렇기 때문에 더욱 절실한 것이 과목 간의 균형이다. 시간을 늘리는 것은 쉽다. 그러나 제한된 시간 안에서 효율을 찾기란 쉽지 않다. 어려운 일이지만 시도조차 하지 않는다면 공부와는 계속 평행선을 달릴 것이다. 공부와 의미 있는 접점을 찾고자 한다면 인생에서 한번은 시도해 봐야 하지 않을까.

주력 과목에 투자하는 시간 대비 성과가 잘 나오는지, 성적이 잘 나오는 전략 과목에 적절한 시간을 쓰는지, 탐구 과목 공부 주기가 너무 긴 것은 아닌지 따져 보기 시작하면 고려해야 할 것이 한두 가지가 아니다. 이런 것들을 무시하고 공부했으니 그간의 공부가 허점투성이일 수밖에 없다.

두 번째, <u>공부 시간과 기타 활동 시간을 조정해야 한다.</u> 균형 잡힌 삶은 일과 휴식 그리고 여가 사이의 적절한 시간 분배로 결정된다고 해도 과언이 아니다. 가장 이상적인 것은 여덟 시간 자고 여덟 시간 일하고 여덟 시간 쉬는 삶일 것이다. 그러나 현대 사회에서 가장 지키기 어려운 룰이 되고 말았다. 특히 수험생에게는 꿈같은 이야기처럼 들릴 것이다. 입시가 코앞으로 다가왔으니 24시간 공부도 부족하다고 여길 것이다.

하지만 그런 때일수록 생활의 균형을 맞추는 것이 필요하다. 내 맘대로 뇌가 작동해 준다면 어려울 것이 있겠는가. 시간도 없고 여유도 없지만 급할수록 냉정해져야 한다. 자기 자신에 대해 객관적인 입장을 유지해야 한다. 어렵고 힘들지만 그럴수록 데이터가 필요하고 평가를 통해 자신을 파악하는 것이 중요하다. 다시 조정해서 정확한 해결책을 찾아 나가야 한다.

나는 공부 때문에 포기하지 말아야 할 것들에 대해 역설해 왔다. 흔히 고3이 되면 독서도 끝, 운동도 끝, 취미 생활도 끝이다. 그런데 여기서 끝이 아니다. 더 무서운 것은 생각도 끝이라는 사실. 공부하는 기계를 자처하거나 강요당한다. 기본 욕구를 억누르니 욕구가 사라진다. 급기야 공부 욕구도 사라진다. 공부를 잘하든 못하든 입시 괴물로 변해 간다.

내가 이해할 수 없는 것은 고3이나 재수생들이 수험생이라는 이유만으로 대접을 받으려 한다는 것이다. 힘들게 공부한다는 것은 충분히 이해하지만 결국 본인을 위한 공부 아닌가. 누가 시켰든 아니든 결국 자기가 선택해서 공부하는 것임에도 불구하고 마치 공부를 해 주는 것인 양 대접받길 원한다면 주객이 전도된 것이다.

왜 그런 현상이 일어날까. 억지로 공부하고 있다는 방증이다. 힘들고 어려운 공부에 전념하며 고생하고 있으니 좀 알아주었으면 하는 것이다. 일종의 보상 심리가 깔려 있다. 앞에서 이야기한 것처럼 공부하는 이유를 다시 한번 생각해 보기 바란다.

문제는 균형이다. 균형이 깨진 상태는 병든 상태다. 그 병을 치료하기 전에는 한 발짝도 앞으로 나갈 수 없다는 사실을 반드시 기억해야 한다. 공부도 일도 마찬가지다. 균형을 무시하면 불균형의 역습을 당한다. 인간은 불균형 상태를 오래 버티지 못하게 만들어져 있다. 정신이든 육체든 병들게 되어 있다. 병은 불균형이 만들어 내는 열매다.

근원적 치유가 안 된 상태에서 인간의 의지는 아무런 힘을 발휘하지 못한다. '어… 어…' 하다가 수능이 끝난다. '왜 이러지, 왜 이러지' 하다가 손쓸 겨를도 없이 수능 성적표를 받아 들고 허탈해하는 자신과 정면으로 마주해야 한다.

공부하지 말고 놀기만 하라는 얘기가 아니다. 오해하면 안 된다. 나는 균형에 대해 말하고 있다. 균형이 잘 유지되는지 파악하는 게 평가의 중요한 목표라면 아무리 작은 부분이라도 불균형의 싹이 보일 때 제거하는 것이 조정의 역할이다. 나는 독학 재수생들에게 공부 시간을 최대한 줄여야 한다고 역설한다. 열네 시간 공부한다면 열두 시간으로 줄이려고 노력해야 한다. 열두 시간 공부하면 열 시간, 열 시간 공부하면 여덟 시간으로 줄여야 한다. 시간을 줄이려는 노력이 있어야 효율을 높일 수 있다.

효율을 높이지 못하면 쓸데없는 공부에 시간을 낭비해 버린다. 시간으로 해결하려 들면 효율로 시작했다 하더라도 비효율로 끝나게 되어 있다. 공부하느라 유익한 다른 활동마저 할 수 없어진다. 공부 시간을 두 시간 단축하는 데 성공하면 그 시간에 독서를 하고, 산책과 운동을 하며, 음악을 들으면서 공부의 이유, 공부의 의미, 나의 미래에 대해 생각한다. 잃어버렸다가 되찾은 두 시간은 불균형을 해소하는 꿀맛 같은 시간이다. 자연스럽게 공부 욕구를 불러일으킬 뿐만 아니라 계속 불타오르게 만드는 원동력이 된다.

시간을 줄이려는 노력을 하지 않으면 반대로 공부 시간을 늘리려는 유혹에 시달리게 된다. 인간의 욕심은 끝이 없다. 더 많은 시간이 주어지면 더 많은 공부를 할 수 있다고 단순하게 생각하지만 틀린 생각이다. 공부 시간을 무리해서 늘리면 그 자리에 비효율이 비집고 들어와 터를 잡는다. 그렇게 되면 당장 다른 곳에서 희생이 따르기 마련이다. 가장 쉽게 생각할 수 있는 것이 잠과 휴식이다. 식사 시간이고 운동 시간이다. 독서 시간도 사라진다. 오직 공부만 남는다. 그런 생활이 쌓이면 공부의 가장 큰 적은 바로 공부가 된다.

여덟 시간 해서 안 되는 공부가 열 시간 한다고 되겠는가. 열 시간 해서 안 되는 공부가 열두 시간 한다고 될 것 같은가. 열 시간 했는데도 안 되는 이유는 집중을 안 했든지 방법이 잘못되었든지 여러 가지일 것이다. 그 문제를 해결하지 않은 상태에서 시간만 늘린다고 안 되는 공부가 갑자기 되겠는가.

쓸데없는 공부에 몸과 마음만 더 지칠 뿐이고 부담감만 가

중된다. 안 그래도 힘들어 죽겠는데 그 위에 무거운 짐을 더 얹는 것과 마찬가지다. 불안한 마음에, 아니면 더 잘해 보려는 욕심 때문에 자신도 감당하기 힘든 과도한 짐을 짊어지는 것이다. 그나마 간신히 유지되던 균형을 한 방에 날려 버리는 결과를 초래하고 만다.

2017학년도 대학수학능력시험에서 만점을 받은 김재경 양은 6월과 9월 모의평가에서도 만점을 받으며 기대를 모았으나 10월 모의고사에서는 최악의 점수가 나와 적잖은 충격을 받았다고 한다. 그때 김재경 양이 보여 준 태도는 입시를 준비하는 사람들에게 시사하는 바가 크다. 보통의 경우는 자신감을 잃고 낙담하거나 위기의식을 느낀 나머지 과도하게 공부하며 자신을 다그칠 텐데 그렇게 하지 않았다.

그녀는 신문사 인터뷰에서 "당시 친구들이 큰 의지가 됐고 많은 이야기를 나눴다."라며 "산책이나 요가로 스트레스를 풀고, 바이올린을 켜거나 연극 대본을 쓰면서 마음을 다스리기도 했다."라고 말했다. 대학 입시에 임하는 후배들을 향해서도 "수능 직전에 몸을 혹사하는 학생이 많다. 마음이 급하고 조금이라도 흐트러지면 자책하면서 괴로워하는 경우를 많이 봤다."라고 하며 "항상 긍정적으로 생각하고 아는 문제를 확실히 풀자는 마음을 가져야 한다."라고 조언하기도 했다(2017년 12월 7일 자 〈매일경제〉). 인터뷰 내용을 놓고 봤을 때 김양은 적어도 시간의 노예나 입시 노예는 아닌 게 분명하다. 평상시 균형 있는 생활과 효율 높은 학습으로 내공을 쌓아 왔기에 10월에 맞닥뜨린 위기에도 자신감을 잃지 않고 실전에서 유감없이 실력을 발휘했을 것이다. 위기 때 빛을 발한 그녀의 현명한 대응은 시간에 쫓기며 과다한 공부로 자신을 몰아세우는 다수의 수험생에게서 발견하기 힘든 것이다.

공부 시간을 무조건 줄이라는 말이 아니다. 필요하다면 구조 조정을 감행해야 한다. 너무 많은 책을 보고 있다면 과감하게 한두 권을 정리할 필요가 있다. 교재는 자신의 역량에 맞는 것으로 골라야 한다. 전문가가 추천하는 책이라고 다 봐야 한다면 책만 사들이다 끝나고 말 것이다. 자신의 역량을 정확히 알기 위해서라도 데이터가 필요하다. 꼭 봐야 하는 교재라고 해서 사 놓았는데 도저히 볼 시간이 나지 않는다면 그 책은 시험이 끝날 때까지 펼쳐 보지 않을 확률이 99퍼센트다. '어떻게든 되겠지' 하고 샀다가는 '봐야 하는데, 봤어야 하는데' 하며 자책하고 결국 자신감 하락으로 이어진다.

내가 7수 중 가장 좋은 성적을 올린 6수 때 이야기다. 5수는 한국을 대표하는 대형 종합 학원의 '경희대 한의예반'에서 공부했으나 실패. 6수를 시작하면서 각오가 남달랐다. '아니, 그토록 열심히 공부했는데 하늘도 무심하시지. 뭐가 문제일까?' 그것이 재수를 시작한 이후 스스로 제기한 최초의 문제 인식이었다.

6수를 시작할 즈음, 처음으로 내 문제에 대해 생각해 보았다. 내가 인식한 문제는 나의 시야가 너무 좁아졌다는 것. 입시만,

대학 입학만 바라보며 모든 걸 걸었더니 마음의 여유도 없고 중압감만 배가되었다는 것을 깨달았다. 그것을 6수를 시작할 때가 돼서야 알아채다니. 그래서 생각해 낸 것이 균형 잡힌 삶이었다. 그때까지 나의 생활은 앞에서도 잠시 언급했다시피 불균형 그 자체였다. 주위의 시선에 대한 부담감에 짓눌리는 입시 트라우마까지…. 그 상태에서 계속 6수를 해야 한다는 것은 그 자체만으로도 큰 고통이 아닐 수 없었다.

나는 책상 앞에 'INNOVATION'이라고 크게 써 붙였다. 그리고 다시는 입시를 위한 공부를 하지 않겠노라 다짐했다. 단과 학원에 다니면서 수업은 오전에만 배치했다. 필수적인 공부를 해결하고 나면 여유 있는 시간을 가지려고 노력했다. 읽고 싶은 책이 있으면 읽었다. 신문도 스크랩을 해 가며 꼼꼼히 읽었다.

수학은 점수를 위한 공부가 아니라 인생을 배우는 철학이라고 여겼다. 국어나 영어에서는 나름의 원리를 찾기 위해 '불필요'한 심화 학습을 했다. 특히 영어는 독창적으로 체계화한 독해 방법 덕분에 대학 교양 영어 시간에 교수님으로부터 극찬을 받은 적도 있었다. 지금 돌이켜 보면 균형 잡힌 공부의 결과였다고 생각한다.

계획을 세울 때 실현 가능한 목표를 설정하고 나에게 보상하는 시스템을 가동시켰다. 보상은 주로 공연 관람이었다. 영화보다는 클래식, 재즈, 국악, 뮤지컬, 연극, 인형극 등을 관람했다. 관람할 공연이 정해지면 계획을 세우고 일정을 잡아 혼자서 관람했다. 심지어는 3월 첫 모의고사를 하루 앞두고 어린 조카와 함께 용인에버랜드에 다녀오기도 했는데 그 모의고사에서 역대 최고 점수를 받았다.

그 결과 그해 입시에서 서울 소재 의과 대학에 특차로 합격할 수 있는 성적을 받았다. 고3 때 성적과 비교하면 기적 같은 점수였다. '경희대 한의예과 아니면 재수'라는 신념 때문에 7수를 하게 되었지만, 나에게는 가장 의미 있는 한 해였다.

균형은 그만큼 중요하다. 균형이 깨진 상태에서는 성공을 기대할 수 없다. 일이든 공부든 모든 것이 마찬가지다. 조정은 비정상을 정상으로 되돌려 놓는 시도다. 반드시 조정 과정을 거쳐야 한다. 설령 아무런 데이터를 준비해 놓지 않았다 하더라도 조정은 필요하다. 지금 가는 길이 정도에서 벗어났다는 것을 감지했다면 당장 조정을 통해 수정해야 한다.

명심하라. "어제와 똑같이 살면서 다른 미래를 기대하는 것은 정신 질환 초기 증세다."라는 아인슈타인의 말이 과장이라고 생각하는가. 조정이 없으면 내일도 없다. 미래가 없다. 어제 하지 못한 것은 어쩔 수 없다. 오늘, 지금 당장 시작하라. 우리가 아무것도 이루지 못한 것은 '오늘' 하지 않아서다. 오늘 못 하면 내일도 못 하고 결국 수능 때까지도 못 한다. CCR로 DATA를 MAKE했으면 ANALYZE하라. ESTIMATE하고 ADJUST하라. 공부의 신세계가 열린다.

6장
MAP 공부법 세 번째, PRACTICE(실행하라)

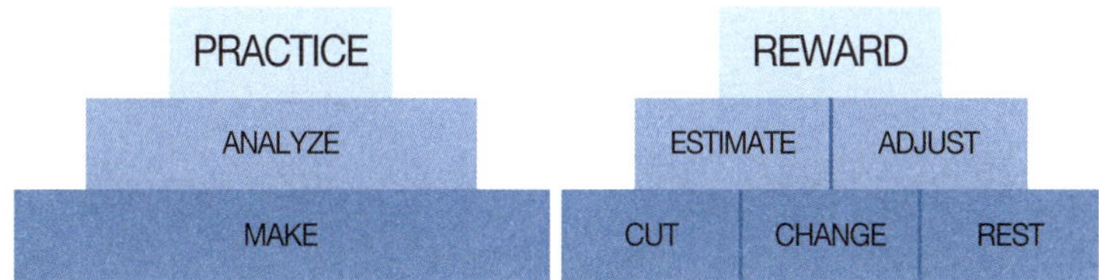

1) 무엇을 실행하는가

오직 실행만이 삶에 활력을 준다.
- 브루스 리

REWARD, 보상하라

실행은 재시작을 말한다. 평가를 통해 드러난 문제점들을 조정했으면 다시 실행에 옮기면서 데이터를 새롭게 만들고 분석하는 과정을 반복해야 한다. 그런데 MAP 공부법에서 말하는 재시작은 보상, 즉 자기 보상에서 시작해야 한다.

심리학에서 말하는 보상에는 외적 보상과 내적 보상 두 가지가 있다. 《교육심리학 용어 사전》은 외적 보상에 대해 '학습자의 학습 활동에 대한 외재적 동기를 유발시키는 수단으로써 학습 활동 자체와는 관계없이 타인에 의해서 통제되는 돈이나 음식 그리고 특권 등이 주어지는 것을 의미'한다고 정의해 놓았다. 한편 《HRD(인적 자원 개발) 용어 사전》에서는 내적 보상에 대해 '목적 달성에 대한 보상으로 다른 사람들에게 칭찬을 받거나 직접적인 대가가 있든지 없든지 간에 목적을 달성했다는 것 자체에 대한 내적인 만족감 또는 성취감을 갖는 것을 의미'한다고 했다.

행동심리학자 스키너는 20세기 중반, 반응에 따라 보상함으로써 기대한 행동이나 반응을 강화한다는 '긍정적 강화(positive reinforcement)' 이론을 만들었다. 이 이론에 따르면 보상은 행동을 교정할 만큼 강력한 효과가 있다. 그러나 품질 경영의 아버지라 불리는 에드워드 데밍 박사는 크고 화려한 보상이 주어질수록 '내재적 동기'를 위축시킬 수 있다고 경고했다.

큰 보상은 보상 자체를 목표로 삼게 만들어 일에서 오는 흥미를 잃게 만들 뿐만 아니라 능력을 발휘하고 싶은 욕구를 사라지게 만든다는 것이다. 내재적으로 동기화된 사람들은 과제 자체나 그것이 가져다주는 성취감을 즐긴다. 그들에게는 활동 자체가 보상이다. 그렇기 때문에 그들에게 큰 보상은 새로움을

추구하는 내적 동기를 약화시키거나 사라지게 만들 수도 있다
는 것이다.

일차적으로 MAP 공부법에서 말하는 보상은 뇌를 속여 공부에
대한 부정적인 인식을 해소하기 위한 방편으로 부여하는 작고 소
소한 보상이다. 《미친 집중력》의 저자 이와나미 구니아키가 사
용한 보상은 일종의 내재적 동기를 부여하기 위해 스스로 제공
한 외적 보상이었다. 그가 사용한 초콜릿은 뇌가 공부에 대해
긍정적인 느낌을 받도록 보내는 작지만 충분한 신호임에 틀림
없다. 자기 보상이야말로 지속적인 만족과 행복을 가져다주는
긍정의 자기 주도 학습 강화 수단인 것이다.

"자기 보상은 또 다른 시작으로 가는 가교 역할을 한다."

한편 MAP 공부법에서 자기 보상은 또 다른 시작으로 가
는 가교 역할을 한다. MAP 공부법을 적용해서 공부하다 보면
MAKE, ANALYZE, PRACTICE가 동시에 작동하는 것을 깨닫는
다. 어느 것 하나 별개로 취급할 수 없다. 하나라도 문제가 생
기면 반쪽짜리 공부법이 될 수밖에 없다. 자기 보상은 MAP 공
부법의 모든 요소를 하나로 묶는 역할을 할 뿐 아니라 지속적
으로 적용, 발전해 나가는 원동력이 된다.

2) 왜 자기 보상이 필요한가

자기 보상은 자신감을 높인다

세상을 당당하게 살아가려면 근자감(근거 없는 자신감)이 필요하다고들 한다. 일리가 있는 말이다. 그런데 지금까지 살아오면서 경험한 바에 의하면 근자감은 타고난 성격에 많이 좌우되는 경향이 있다. 낙천적인 사람은 평상시 여유가 있고 느긋하기에 누가 일러 주지 않아도 천성적으로 근자감을 가지고 있다. 때로는 근자감이 너무 높아서 탈이다.

문제는 아무리 노력해도 근자감하고는 평행선을 달리는 사람들이다. '나는 공부를 못하는 사람이다'라고 생각하는 사람들, '나는 늘 실패만 하는 사람이야. 내가 그렇지 뭐'라고 입버릇처럼 말하는 사람들이다. 뇌는 그런 말과 생각을 절대적으로 신뢰한다. 철석같이 믿어 버린다. 그런 사람들은 공부하기가 어려운 게 아니라 그런 생각을 바꾸기가 어렵다. 아무리 근자감이라지만 현실적으로 근거가 없는데 자신감을 갖기란 쉽지 않은 일이다. 따라서 근자감을 갖기 어려운 사람이 해야 하는 일은 작은 부분일지라도 근거를 만드는 것이다.

근자감이 있다고 해도 근자감으로 공부에서 성공하기는 힘들다. 공부, 특히 입시 같은 시험은 실력으로 승부를 걸어야 하기 때문이다. 근자감이 인생 승부에서는 빛을 발할지 모르나 공부는 근자감만으로 성공할 수 없다. 우리에게 필요한 것은 다른 근자감, 즉 근거 '있는' 자신감이다.

"보상은 타이밍이다."

그렇기 때문에 보상이 필요하다. 보상은 타이밍이다. 잦은 성공의 경험과 그에 따른 보상이 제때 적절히 이루어져야 한다. 뇌가 '나도 할 수 있다'는 생각을 가지려면 보상은 즉시 이루어져야 한다. 차일피일 미루다 타이밍을 놓치면 사소한 성공이나 목표 달성이 주는 효과를 잃어버리고 보상의 효과 또한 반감된다.

물론 15분 공부에 성공한 것을 가지고, 초콜릿 좀 먹었다고 뇌가 '아이고, 고맙습니다. 엄청난 선물이네요'라고 반응할 리는 없다. 하지만 뇌는 우리가 생각하는 것보다 유치하다. 그래서 뇌를 속일 수 있는 것이다. 뇌의 유치한 성질을 이해하면 속이기 쉬워진다. 뇌는 사소한 경험에도 진지하게 반응한다. 하지만 그때를 놓치면 사소한 성공에 대한 작은 보상을 하찮게 여기며 유치하고 쓸데없는 짓이라고 효과를 의심한다.

반면 작은 보상이 계속 반복되면 뇌는 점점 공부에 대한 인식을 바꾼다. 보상이 끊임없이 이루어졌다는 것은 사소한 성공이 계속해서 일어났다는 것을 의미한다. 그 사소한 성공이 쌓이면 뇌는 자연스럽게 공부를 쉬운 것, 할 만한 것, 재미있는 것, 할 수 있는 것이라고 여긴다. 충분한 근거가 있기 때문이다. 공짜로 보상을 받은 것이 아니라는 사실을 뇌는 잘 알기 때문이다. 뇌를 살리는 공부는 뇌를 속이는 공부다. <u>보상이야말로 뇌를 속여서 공부에 대해 긍정적으로 생각하도록 만드는 가장 현실적이고 실제적인 방법이다.</u>

MAP 공부법에서 만드는 데이터야말로 자신감을 가질 수 있는 가장 확실한 근거다. MAP 공부법을 통해 고려대와 서강대 장학생으로 동시 합격한 임한빛 학생도 누적된 데이터를 통해 얻은 자신감을 입시 성공의 일등공신으로 꼽았다. 얼마나 많은 학생이 공부를 잘하고서도 자신감을 잃고 입시에 실패하는지 알면 이 말의 의미를 통감할 것이다. 자신감 넘치는 사람은 실패를 두려워하지 않는다. 그렇기 때문에 시험 앞에서 필요 이상으로 긴장하지 않는다. 자신감이 매우 중요한 이유다.

<u>보상은 근거 있는 자신감을 더욱 근거 있게 만들어 준다. 보상이 없으면 기록하고 분석하고 조정한 과거의 공부 기억이 약화된다. 과거의 성공 기억이 현재에 영향을 미치지 못한다면 자신감을 높이는 데 아까운 자원을 낭비하는 셈이다. 보상 체계를 통해 성공의 기억을 강하게 각인시킬 필요가 있다. 성공의 기억은 돈으로도 살 수 없는 자산임을 잊어서는 안 된다.</u>

자신감은 거저 생기지 않는다. 보상 체계는 뇌에 긍정의 선순환 고리를 남긴다. 성공과 보상은 더 큰 성공과 계속되는 보상을 낳으면서 난공불락으로 여겨졌던 공부를 '해 볼 만한' 상대로 여기고 결국 '하면 된다' '할 수 있다'는 자신감을 갖게 해 준다. 실제로 자기 보상을 해 보면 어떻게 보상할 것인가를 고민하는 순간부터 행복한 고민에 빠진다. 보상은 근거 있는 자신감을 갖게 하는 촉매제다. 행복한 공부, 행복한 입시를 표방하는 MAP 공부법은 더욱 행복한 공부법으로 만들고 계속 작동하도록 만드는 원동력임을 기억하기 바란다.

보상이 실행력을 높인다

MAP 공부법은 억지 공부로 고통당하는 공부 노예에게는 자유를, 시간 때우는 공부를 하면서도 늘 시간 부족에 시달리는 시간 노예에게는 효율을, 견디기 힘든 입시 중압감에 신음하는 입시 노예에게는 자신감을 주는 공부법이다. MAP 공부법이 당신의 삶에 뿌리내리고 안정적으로 운영되어 합격과 성공의 열매를 거두려면 보상의 역할이 매우 중요하다.

불가능해 보이는 일에 도전하면 그 시도만으로도 크게 고무될 때가 있다. 내적 동기가 충만해지는 것이다. 워낙 일상이 바쁘게 돌아가는 터라 운동도 제대로 못 하던 어느 날 동료 선생님이 소개한 책을 읽고 눈이 번쩍 뜨였다. 《나는 오늘도 사막을 꿈꾼다》의 저자 김효정 작가는 여성으로는 아시아 최초이자

세계 세 번째 사막 레이스 그랜드슬래머다.

모로코 사하라 사막 마라톤, 중국 고비 마치, 칠레 아타카마 크로싱, 이집트 사하라 레이스를 완주하면 남극 레이스에 도전하는 자격이 주어진다. 그랜드슬래머는 남극 레이스까지 성공리에 마쳤을 때 붙는 이름이다. 나는 정신이 번쩍 들었다. 막연하게나마 나도 해 보고 싶었다. 현실적으로는 불가능에 가까웠다. 그러나 어떻게든 도전해야겠다고 결심했다. 그리고 거울을 보았다. 거기에는 생기도 젊음도 열정도 사라져 버린, 지친 일상에서 하루하루를 보내는 무기력한 내가 있었다.

뭐든 시작해야 했다. 일단 걷기로 했다. 점심을 먹고 나서 딱 10분만 산책 삼아 걷기부터 시작했다. 무작정 걸었다. 걷는 시간을 이른 아침으로 옮겼다. 고질적인 무릎과 발목 통증 때문에 5킬로미터를 걷는 것도 힘들었다. 걸으면서도 생각은 온통 사막 마라톤뿐이었다. 그런데 걷다 보니 준비해야 할 일이 한두 개씩 생각나기 시작했다.

마음이 급해지기 시작했다. 우선 최대한 빨리 체력을 끌어올려야 했다. 일단 근처 피트니스센터에 연간 회원으로 등록했다. PT(personal training, 1 대 1 트레이닝)를 받으면서 준비를 시작했다. 트레이너에게 나의 목표를 분명하게 알려 주었다. 그에 맞는 몸을 만들어 달라고 주문했다.

2014년 8월 8일, 내 인생에서 결코 잊을 수 없는 날이다. 최고 기온 31도. 서울에서 양평까지 68킬로미터를 걸어서 14시간 50분 만에 완주한 것이다. 사막 레이싱에 도전하기로 결심하고 준비에 나선 지 5개월 만이었다. 누가 알아주는 것도 아니고, 상을 주는 것도 아니고, 그 흔한 선물 같은 걸 기대한 것도 아니었다.

"준비하는 것만으로도 활력소가 되었다. 자신감이 넘쳐흘렀다."

결전의 날이 다가올수록 두려움보다 자신감이 넘쳤다. 무슨 일이든 할 수 있을 것 같았다. 반드시 성공하고 싶었다. 출발지는 서울 강서구 방화동, 지하철 5호선 방화역. 내가 정한 미션은 그날 먹을 음식과 음료, 약품, 장비 등을 준비하여 도중에 어떤 도움도 받지 않고 열다섯 시간 안에 경기 양평 경의중앙선 양수역에 도착하는 것이었다. 배낭 무게는 10킬로그램, 오전 6시 30분에 시작한 미션은 저녁 8시 20분에 완료되었다.

배낭에 들어가기
직전의 준비물들

경기 하남을 지날 때

어둠이 깔리기
시작한 팔당댐 전경

봉안터널을
지나면서

양수역 앞, 미션을 종료하면서

그날의 경로(방화역→ 양수역)

　지금까지 살면서 그때만큼 나 자신과 많은 이야기를 나눈 적이 없는 것 같다. 내가 왜 걸어야 하는지, 왜 이런 '미친 짓'을 해야 하는지 많은 생각을 했다. 나의 한계에 도전하고 싶었다. 도전에 성공했을 때 나에게 어떤 변화가 생길지도 기대되었다. 그 자체만으로도 나에게는 충분히 가치 있는 도전이라고 생각했다. 이런저런 생각이 미션을 기획하는 단계부터 준비하고 실행에 옮기기까지 끊임없이 이어졌다.

　그리고 성공했다. 집으로 돌아오는 세 시간 동안 열차 안에서 난생처음 성공이 주는 희열을 맛보았다. 피곤해서 곯아떨어질 줄 알았는데 집에 도착할 때까지 흥분이 가라앉지 않았다. 7수 끝에 원하는 대학, 원하는 학과에 합격했다면 이런 기분이었을까? 그리고 깨달았다. 내가 최종 목적지로 삼은 곳은 사하라 사막이지만, 내가 도전하는 곳은 그 어디나 사하라 사막이라는 사실을. 더불어 어떤 도전이든지 성공했을 때 맛보는 기쁨과 희열은 본질적으로 동일하다는 것을. "진정한 탐험은 새로운 땅을 찾는 것이 아니라 새로운 시야를 찾는 것이다."라는 마르셀 프루스트의 말을 다시 한 번 되새겨 보았다.

"보상은 또 다른 실행을 낳는다."

그 경험은 나에게 특별했다. 당연히 거기서 끝나지 않았다. 그날의 성공이 내게 준 내적 보상은 한 걸음 더 나아가기 위한 내적 동력이 되었다. 보상은 또 다른 실행으로 이어지게 만든다. 공부에서도 보상이 절대적으로 필요하고 또 중요한 이유다. 나는 여세를 몰아 새로운 도전을 하기로 마음먹었다.

피트니스센터 안내 데스크 벽에 붙어 있는 트레이너들의 프로필 사진을 보면서 나도 한번 저런 사진을 찍어 보고 싶다는 막연한 희망이 생겼다. 마라톤이야 어차피 계획 속에 들어 있는 것이고, 보디 프로필 촬영은 분명 특별한 경험이 될 거라고 생각했다. 트레이너에게 보디 프로필 촬영에 도전하고 싶다고 했을 때 그는 가능하다고 말하며 자신감을 불어넣어 주었다.

그때부터 더욱 혹독하게 나 자신을 단련했다. 그해 11월로 촬영 일자를 잡고 스튜디오와 계약까지 했다. 점심시간에 공원을 한두 바퀴 도는 것으로 시작한 사소한 도전이 이제 돌이킬 수 없는 거대한 변혁으로 나아가고 있었다. 사소한 첫발을 내딛는 순간 이미 주사위는 던져진 것이었다.

그런데 이게 운동만 열심히 한다고 되는 일이 아니었다. 운동만큼이나 어려운 것이 식이요법이고 생활 관리였다. 한 가지 목표를 정하고 도전하다 보면 예기치 않은 곳에서 새로운 도전에 직면하게 된다. 공부도 마찬가지 아닌가. 공부를 잘하려면 갖추어야 할 많은 조건을 구비해야 한다. 공부만 열심히 한다고 되는 것이 아니라는 말이다. 갑자기 공부를 열심히 한다고 해서 모두가 공부에 성공하는 것은 아니다. 공부 외적인 부분에서 문제가 생기기 때문이다. 그 문제를 해결하지 않는다면 아무리 공부해도 좋은 결과가 나오기 힘들다. 공부도 마찬가지고 운동도 마찬가지다. 모든 것이 동일하다.

근육을 키우기 위한 단백질 위주의 식단도 견디기 힘들지만 촬영 날짜가 임박해서는 물도 함부로 마실 수 없었다. 그러면서도 평상시 사용하지 않는 세부 근육까지 신경 쓰느라 운동도 그만큼 집요하게 해야 했다. 하지만 보디 프로필 촬영에 성공한 이유를 꼽으라면 단연 자기 보상의 힘이다.

나는 전문 보디빌더가 아니다. 하루에 서너 시간씩 운동할 처지도 못 되었다. 지속적으로 힘든 운동과 혹독한 식이요법을 병행해 나간 힘은 사소한 보상이었다. 나는 패스트푸드를 매우 좋아한다. 그중에서도 특히 햄버거를 좋아하는데, 인정하고 싶지는 않지만 흔히들 정크 푸드의 대명사라고 말한다. 하지만 나에겐 완전식품이다. 햄버거를 접시에 재료별로 펼쳐 놓아 보라. 그야말로 '퍼펙트'다. 빵이 있고, 치즈와 고기가 있고, 채소도 있다. 나는 퍼펙트 푸드를 쌓아 올려 먹는 것을 좋아할 뿐이다.

나는 보상 차원에서 일주일에 하루는 햄버거 먹는 날로 정했다. 그날만큼은 좋아하는 햄버거를 마음껏 먹을 수 있었다. 그덕에 한 주 동안 힘든 운동과 식이요법으로 누적된 스트레스를 한 방에 날려 버릴 수 있었다. 누군가 다이어트 중 아니냐고 물으면 햄버거를 맘 놓고 먹기 위해 운동하는 거라고 말할 정도였다. 이런 보상이 성공으로 가는 윤활유 역할을 한 것이다. 외적 보상과 내적 보상의 결합으로 드러난 성과였다.

물론 매일 체중계에 올라가 줄어든 몸무게를 확인하면서, 혹은 운동 후 샤워를 마치고 탈의실 거울에 비친 변화된 몸을 보면서 내적 보상은 충분히 이루어졌다. 그러나 힘든 일(그것이 공부든 일이든)을 할 때 외적 보상의 효과는 무시할 수 없는 영향력을 가지고 있다.

근육 좀 키워 보겠다고 운동만 죽어라 한다고 되는 게 아닌 것처럼 공부 또한 공부만 죽어라 할 것이 아니라 공부가 원활하게 잘되도록 하는 외적인 것에도 많은 신경을 써야 한다. 자칫 공부 이외의 것이라고 소홀히 하면 바로 그것 때문에 공부마저 망치고 만다는 사실을 명심해야 한다.

우리는 공부가 잘되고 목표를 향해 매일 조금씩 전진한다는 사실만으로 만족할 수 있다. 하지만 그러한 내적 보상이 계속 위력을 발휘하려면 적절한 외적 보상이 뒤따라야 한다. 물론 최종 목표를 이루었을 때의 희열과 감동과 흥분이 가장 훌륭한 보상임은 두말할 것도 없다.

3) 어떻게 보상할 것인가

그 여정이 바로 보상이다.
- 스티브 잡스

성공의 기억을 축적하라 : 내적 자기 보상

《몰입의 즐거움》을 쓴 미하이 칙센트미하이는 "창의적인 사람들은 돈이나 명예 같은 외적 동기 때문이 아니라 단지 좋아하는 일을 할 따름이다."라고 했는데 그것이 바로 내적 동기다. 좋아서 하는 일을 하며 느끼는 만족과 기쁨 자체가 내적 보상인 것이다. 내적 동기가 충만한 활동에서 아이디어와 성과가 나오는 것은 당연한 논리다.

내적 보상은 어떻게 주어지는가. 원인 없는 결과가 존재하지 않듯 행동 없는 변화는 기대하기 어렵다. 도전 없는 성취는 불가능한 것이다. 내가 말하는 것은 거창한 변화나 도전이 아니다. 그야말로 사소한 도전, 경미한 변화다. 스몰 스타트, 스몰 스텝 전략이다. 하루에 한 줄도 좋고, 일주일에 두 줄도 괜찮다. 내가 위치한 좌표가 아니라 어디를 향해 가느냐가 중요하기 때문이다.

아무리 좋은 자리를 차지했어도 움직이지 않으면 도태될 것이다. 그러나 미약하더라도 움직이기 시작하면 변화가 시작된 것이다. 가능성의 문이 열리기 시작하는 것이다. 실행 그 자체가 보상이다. 인간의 뇌는 변화를 두려워하고 안주하려 하지만 일단 시작하고 나면 도파민이 분비되기 시작하면서 신선한 쾌감을 느낀다. 그런 기분이 지속되고 자주 맛볼 수 있도록 하기 위해서 자기 보상이 필요한 것이다. 자기 보상을 통해 그것을 지속 가능하도록 붙들고 있으면 된다.

잘하지 못한다는 생각은 안드로메다에 갖다 버려라. '나는 안 될 것'이라는 생각도 패키지로 묶어서 함께 버려라. 샤를 드골은 "할 수 있다고 믿는 사람은 할 수 있고, 할 수 없다고 믿는 사람은 할 수 없다."라고 일갈했다. 할 수 없다고 말하는 사람도 옳은 말을 하는 것이고, 할 수 있다고 말하는 사람도 옳은 말을 하는 것이다. 자신의 바람대로 그렇게 될 것이기 때문이다.

자, 이것 하나만 기억하자. 내적 보상은 시작과 더불어 바로 주어지는 것이다. 내적 보상에서 오는 기쁨과 희열을 잃어버리지 않도록 최소한의 노력과 최소한의 실행력으로 한 걸음씩 앞으로 나아가면 되는 것이다. 더 큰 보상을 경험할 것이고, 어느덧 성공의 문턱까지 도달한 자신을 발견할 것이다.

외적 보상이 결과에 따라 주어지는 보상이라고 한다면 내적 보상은 시작과 함께 주어지는 보상이다. 다짐하라. "나는 할 수 있다."라고. 그리고 오늘, 바로 지금 한 일부터 기록하라. 그렇게 데이터를 만들어라. 시작과 함께 주어지는 내적 자기 보상 덕분에 당신의 가슴이 공부 의욕으로 더욱 뜨겁게 타오르는 것을 느낄 것이다.

성공의 기억을 축적하라 : 외적 자기 보상-내향(內向)

"이번 시험 잘 보면 스마트폰 바꿔 주신다고 했어요." 상기된 표정으로 말하는 아이의 눈빛에서 강렬한 의지를 엿볼 수 있다. 부모는 지푸라기라도 잡는 심정으로 그런 보상을 약속한다. 경험상 부모는 별로 손해 볼 것이 없다. 시험을 잘 봐서 성공한다면 그 자체로 기쁨이 될 것이고, 안 되면 계약은 자동으로 파기될 것이기 때문이다. 그렇다면 과학적으로 이러한 외적 보상은 과연 효과가 있는 것일까.

나카무로 마키코는 저서 《데이터가 뒤집은 공부의 진실》에서 보상과 관련된 흥미로운 실험을 소개했다. 하버드대 롤랜드 프라이어 교수는 수업이나 숙제 등 교육상 투입 요인이 학력 등 산출 결과에 어느 정도 영향을 미치는지 알아보기 위해 '투입 산출식 접근법'을 사용하여 두 가지 실험을 했다.

하나는 '산출'에 해당하는 학력 테스트나 성적표에 드러나는 성적을 올리기 위한 보상을 실시한 실험이었다. 다른 하나는 '투입'에 해당하는 독서, 숙제, 출석, 교복 착용 등 성적과 직접적인 연관이 없어 보이는 요인에 보상을 주는 실험이었다. 정리하자면 산출 요인에 대한 보상은 테스트에서 일정 점수 이상을 받았을 때 보상하는 것이고, 투입 요인에 대한 보상은 수시로 주어지는 과제에 대한 달성도에 따라 그때그때 보상하는 것이다.

책을 많이 읽거나 숙제를 잘해 오는 것과 같은 투입 요인에 대한 보상이 직접 성적을 올리는 효과를 낸다고 보장할 수는 없다. 그러나 성적 향상이라는 산출 요인에 보상을 주면, 학력 향상에 큰 효과가 있을 것이라고 예상할 수 있다. 하지만 학력 테스트 결과가 더 잘 나온 쪽은 투입 요인에 보상을 준 학생들이었다. 더군다나 성적 향상과 같은 산출 요인에 대한 보상은 학력을 키우는 것과 아무 관계가 없다는 사실이 밝혀졌다.

왜 이런 결과가 나온 것일까. 문제는 상에 대한 학생들의 반응이었다. 투입 요인에 보상을 준 경우는 상을 받으려면 숙제와 독서 등 무엇을 해야 하는지 명확히 알지만, 산출에 보상을 주면 구체적으로 무엇을 해야 하는지 명확하게 알지 못하기 때문이다. 공부를 못하는 학생들의 경우 성적을 올리기 위해 해야 할 일을 잘 모를 가능성이 높기 때문이다.

산출 요인에 대한 보상이 실효를 거두기 어려운 또 하나의 이유는 타이밍이다. 보상이 효과를 발휘하려면 즉각적인 보상이 중요하다. 먼 미래의 보상보다 가까운 미래의 보상이 더 효과적이다. 우리의 뇌는 너무 먼 미래에 대한 보상을 기다릴 만큼 인내심이 무한하지 않기 때문이다.

좋은 성적을 거두려면 최소한 시험이 끝날 때까지 기다려야 한다. 시험이 끝나기까지 너무나도 많은 유혹을 이겨 내야 하는데 좀처럼 쉽지 않은 일이기 때문이다. 하지만 투입 요인에 대한 보상은 수시로 이루어질 수 있다. 책을 읽고 숙제를 잘하는 것은 길어야 2~3일 이내에 결정된다. 그러한 것들이 시너지를 일으켜 성공의 기억을 쌓아 가는 것이다.

MAP 공부법에서 보상은 투입 요인에 대한 보상이다. 데이터를 만들고 분석하고 실행하는 과정들은 공부와 직접적인 연관이 없어 보인다. MAP 공부법의 보상 체계는 비인지 능력을 향상하고 강화하는 역할을 함으로써 자기통제감, 자기효능감을 극대화한다.

그림 8과 그림 9는 현재 개발 중인 집중력 강화 노트에 학생들이 직접 기록한 데이터의 예를 보여 준다. 그림 8처럼 외적 보상이 제대로 이뤄지려면 데이터를 만들 때 모든 요소를 수치화해야 한다. 보상의 근거가 확실해야 하기 때문이다. 그림 8은 집중도 평가에 따른 점수를 누적하여 기록한 것이다. 각 과목을 쿼터별로 집중해서 학습한 뒤 집중도를 1점에서 5점까지 체크한다. 한 주 동안 쌓은 점수를 토대로 목표 점수를 정한다. 그림 9에서 보이는 것처럼 점수 집계 기간과 목표 점수 그리고 목표로 하는 보상 내용을 구체적으로 적으면 된다.

반두라의 자기 효능 이론에 따르면 성공 경험(performance accomplishment)은 효능 기대를 증가시키는 중요한 자원이다.

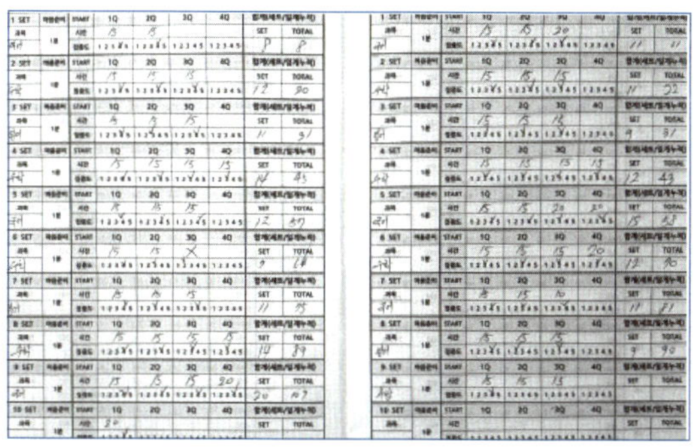

[그림 8]

월계 달성 자기보상	목표 포인트	달성 포인트	보상	확인
집계기간	8/31	500	영화보기	

총계 달성 자기보상	목표 포인트	달성 포인트	보상	확인
달성기한	11/17	6000	미니빔	

[그림 9]

반복적이고 지속적인 성공 경험을 통해 효능 기대가 일어나면 효능감이 견고하게 형성되고, 마침내 원하는 결과를 이뤄 낸다고 보는 것이다. 무엇보다도 집중력을 점수화하고 보상과 연결했을 때, 학생들이 뜨거운 반응을 보였다. 일차는 자신이 그동안 얼마나 집중하지 않고 공부했는가에 대한 자각이고, 그다음이 실질적인 집중력 향상을 체험한 것이었다.

MAP 공부법에서 외적 보상은 내재적 동기를 끌어올리는 역할을 한다. 뇌 기반 학습의 측면에서만 본다면 뇌가 공부에 대한 부정적인 인식을 없애고 거부 반응이 일지 않도록 하는 작용을 한다. 공부하는 습관이 전혀 안 되어 있거나 공부에 대한 부정적인 인식 때문에 공부 자체를 싫어할 때 그리고 공부를 지속적으로 하지 못해 연속성이 떨어질 때 더 큰 효과를 기대할 수 있다.

성공의 기억을 축적하라 : 외적 자기 보상 - 외향(外向)

우리 교육은 많은 부분에서 의미와 가치를 상실했다. 극심한 경쟁 아래 1등이 되어야만 했다. 1등만 기억하고 1등만 인정하는 사회 분위기 때문이다. 주변을 돌아볼 수 있는 여유조차 없었다. 배려도 몰랐다. 공부만 잘한 '똑똑'하신 분들이 장관이 되고, 고위 공직자가 되고, 사회 지도층이 되었다.

그래서 어떻게 되었는가. 우리 국민들은 공직자 임명을 위한 청문회 때마다 불법과 편법으로 얼룩진 모습을 지켜보면서 허탈감과 분노를 느끼지 않을 수 없다. 왜곡된 교육을 심었더니 공부만 잘하는 괴물들이 나타나서 국정을 책임지겠다고 나서지만 고양이에게 생선을 맡긴 격이 되고 말았다. 국민들에게 실망과 배신감만 안겨 줄 뿐이다. 나라를 망치는 것은 사회적으로 높은 지위에 있지는 못해도 성실하게 자신의 본분을 다하며 살아가는 대다수의 선량한 시민이 아니라 쓸데없이 공부만 잘해 가지고 높은 자리까지 올라간 '똑똑'하신 분들이다.

공부를 잘하는 것도 중요하지만 더 중요하게 인식해야 하는 것이 '공부하는 이유'다. 나는 공부하는 이유를 '더 나은 사람'

이 되기 위한 것이라고 정의했다. 더 나은 사람이 되기 위해서 어떻게 해야 하는가에 대한 답을 찾는 과정이 진짜 공부다.

한국 학생들이 가장 무서워하는 영어 단어가 'Why'다. 도무지 질문을 하지 않는다. '왜'라고 묻지를 않는다. 보통 심각한 문제가 아니다. 국가적으로 해결해야 할 문제다. 곳곳에서 의식 있는 교사들이 이 문제를 해결하기 위해 고군분투한다는 것을 잘 알고 있다. 참으로 고마운 일이다. 그런 교사들이 있는 한 우리 교육의 미래가 어둡지만은 않다고 본다.

MAP 공부법이 추구하는 가치와 목표도 마찬가지다. MAP 공부법으로 공부한 모든 이가 각자의 위치에서 그런 사람이 되어주기를 간절히 소망한다. 이 시대의 청년 학생들에게 강력히 권고하건대, 물어라. 먼저 자기 자신에게 물어라. 왜 공부하려고 하는지, 왜 공부 잘하는 사람이 되려고 하는지, 왜 명문대에 가려고 하는지, 왜 좋은 직장을 가져야 하는지, 왜 내가 잘 먹고 잘살아야 하는지.

이 질문에 대해 명쾌한 답을 얻는 과정이 진짜 공부다. 공부하는 과정 중에 끊임없이 공부의 이유를 물어야 한다. 우리는 그동안 '왜'를 무시하고 살았다. 왜 정품을 써야 하는지, 왜 규격품을 써야 하는지, 왜 부실시공을 하면 안 되는지 묻지 않았다. 삼풍백화점이 무너지고 성수대교가 내려앉는 비극이 벌어진 이유다. 각고의 노력 끝에 경제는 선진국 반열에 올라섰는지 몰라도 의식은 후진국 수준을 벗어나지 못하는 이유이기도

하다. 이제 혼자만 잘 먹고 잘살아 보겠다며 공부하는 시대는 지났다. 미래가 요구하는 리더는 그래서는 안 된다.

이제 관점을 '나' 중심에서 '우리'로 돌려야 할 때가 되었다. 당신이 생각하는 공부의 이유가 더 이상 자기 자신에게만 머물지 않고 이웃과 지역 사회, 더 나아가 국가의 미래를 생각하는 진정한 지도자가 되는 것이기를 바란다. 이것이 궁극적으로 MAP 공부법이 추구하는 가치이자 목적이다.

외향적 자기 보상은 보상의 대상을 다른 사람에게 돌림으로써 자신에게만 향하던 시야를 밖으로 향하게 한다. 공부의 이유를 찾기 어려운 것은 우리의 시선이 자신에게만 향해 있기 때문이다. '나'만 생각하는 사람은 시야도 좁아지고 그나마 생각해 낸 공부의 이유 또한 자신의 울타리 안에서 지극히 제한적일 수밖에 없기 때문이다. 공부의 이유는 밖에서 찾아야 한다.

외향적 자기 보상은 외적 보상과 내적 보상의 특성을 동시에 만족시킨다. 성취도나 집중도에서 목표로 정한 점수를 달성했을 때, 맛있는 간식을 먹거나 평상시 갖고 싶었던 물건을 사는 걸 외적 보상 중에서 내향적 자기 보상이라고 한다면, 자기 보상을 외부로 전환해서 미리 약정한 금액을 불우이웃을 후원하는 단체나 공익 기관에 기부하는 것을 외적 보상에서 외향적 자기 보상이라 할 수 있다.

한 달 목표 점수를 1만 포인트로 약정했다면 매달 목표 점수를 달성했을 때 1만 원을 도움이 필요한 곳에 기부하는 것이다. 꼭 돈으로 할 필요는 없다. 주말에 일정 시간 봉사 활동을 할 수도 있다. 부모님을 도와 집 안 청소나 설거지를 할 수도 있고 어린 동생과 놀아 주기도 괜찮다. 수능이 끝나면 무의탁 노인들을 위한 무료 급식소에서 배식 봉사를 하기로 정한 학생도 있다. 어떤가! 당신은 지금까지 어떤 자세와 마음가짐으로 공부해 왔는가.

지금이라도 목표를 정하라. 최대한 가까운 미래에 그 목표를 달성하라. 하루라도 빨리 목표를 달성할 수 있도록 평가 결과를 수치화한 다음 수단과 방법을 가리지 말고 목표를 달성하라. 그리고 보상하라. 자신이 누려야 할 영예를 누군가에게 도움을 주는 것으로 전환하라. 눈을 들어 주위를 살펴보면 우리의 도움을 필요로 하는 사람이 얼마나 많은지 알 수 있다. 그렇게 공부한 사람은 일신의 영달을 위해 공부하는 사람과 차원이 다르다. 비교조차 할 수 없을 것이다. 올바른 가치관을 가지고 날마다 성장하며 더 나은 사람이 되기 위해 노력하는 사람이 되는 것이다. 국가와 민족을 사랑하는 사람이며 미래를 책임지는 사람이다. 이 시대의 진정한 리더가 될 자격을 갖춘 사람이다. 그 사람이 누구인가? 당신인가?

나는 이것을 이타적 학습이라고 부른다. 이것이야말로 내가 하는 공부의 가치를 드높이고 계속해서 공부에 몰입하게 만드는 만능열쇠라고 생각한다. MAP 공부법이 말하는 공부의 핵심은 지속적인 자기 주도 학습의 완성이다. 지금까지 많은 이야기를 했지만 결국 문제는 언제 어떻게 시작할 것인가와 어떻게 지속할 것인가이다. 이 문제를 가장 쉽고 효과적으로 해결하는 유일한 방법은 자기 보상의 적극적인 활용이다. 숭고한 가치를 담고 있으면서 내적 동기를 가장 강하게 불러일으키는 것이 외향적 자기 보상을 통한 이타적 학습이다.

남이 시켜서 하는 공부는 쓸데없는 공부라고 강조해 왔다. 보상 또한 억지로 하는 것이라면 아무런 의미가 없다. 성적 때문에, 입시 때문에 공부하는 게 억지 공부라고 한 것처럼, 단순히 공부나 성과를 위해 이타적 학습, 외향적 자기 보상을 하는 것은 아님을 분명히 할 필요가 있다. 단지 더 나은 사람이 되기 위한 공부를 하면 된다. 공부하는 이유가 분명하면 공부에 더 높은 차원의 집중을 할 수 있다. 성적은 자동으로 따라오게 되어 있다.

생각해 보라. 내가 열심히 공부했더니 다른 사람이 이익을 얻는다? 얼마나 가치 있는 일인가. '공부해서 남 주나?'라고 반문할 수도 있을 것이다. 맞다, 공부해서 남 주자는 것이다. 여태껏 공부해서 움켜쥔 결과 이 사회가 어떻게 되었는가. 이제는 공부해서 남 주자. 한번 줘 보라. 그러면 알게 될 것이다. 자기 보상은 나누면 나눌수록 더 큰 위력을 발휘한다는 사실을. 그것이 얼마나 가슴 벅차오르는 일인지, 얼마나 보람되고 공부를 가치 있는 것으로 만드는 일인지, 얼마나 더 큰 공부 동력을 갖게 되는지 말이다.

자기 보상 성공 팁

1. 공부 습관이 들지 않았다면 목표 점수를 최대한 낮게 잡는다. 예를 들어 하루 누적 점수가 20점이라면 여러 변수를 가정하여 일주일에 50점을 목표로 잡는 것이다. 그래서 그 일주일치 목표 점수를 3일 만에 달성했다면 자기 보상을 한다. 그런 다음 다시 100점을 목표로 점차 목표 점수를 높여 나가는 식이다. 성공과 보상의 선순환을 지속해 나가다 보면 어느새 특별한 보상이 없어도 그냥 공부하는 자신을 발견할 수 있다. 공부하는 습관이 자리 잡은 것이다.

2. 보상은 너무 크고 화려하면 안 된다. 크고 화려한 보상으로 한 방에 해결하려고 해서는 안 된다. 내재적 동기를 약화시킬 수 있기 때문이다. 작고 사소한 보상을 자주 하는 것이 좋다. 돈이 없어도 얼마든지 가능하다. 산책하기, 좋아하는 책 읽기 등 자신이 좋아하는 활동을 보상으로 활용하는 것도 좋은 방법이다. 같은 일을 하더라도 보상으로 하는 것과 그냥 하는 것은 분명 느낌도 다르고 효과도 다르기 때문이다.

3. 성취도 평가 시 점수를 후하게 준다. 예를 들어 1점에서 5점까지 집중도 내지 성취도를 평가한다고 할 때, 2점이라면 3점으로, 4점이면 5점으로 하라는 것이다. 어차피 평가는 주관적

일 수밖에 없다. 내가 평가하고 내가 보상하는 것인데 객관적
일 필요가 있을까?

반드시 점수를 후하게 줘야 하는 이유가 있다. 사람은 평가
하는 대로 되는 경향이 있기 때문이다. 근대 심리학의 창시자
로 불리는 윌리엄 제임스는 "어떤 자질을 갖고 싶다면 이미 그
자질을 갖고 있는 것처럼 행동하라."고 조언했다.

100퍼센트 동감이다. 스스로 2점짜리밖에 되지 않는다고 생
각하면 그 사람은 2점짜리 인생을 벗어날 수 없다. 반대로 '나
는 달라, 나는 5점짜리야'라고 믿으며 자신에게 5점을 부여하
는 사람은 실제로 5점짜리가 된다. 집중도 평가의 가장 큰 목
적은 바로 거기에 있다.

점수를 후하게 매기면서 지속적으로 집중도를 평가해 나가
면 어느 때인가 집중을 잘하는 사람으로 변모하리라는 것. 이
같은 방법을 사용해서 집중력이 몰라보게 좋아졌다는 사례가
점차 늘고 있다.

4. 반드시 목표를 달성하고 보상하라. 안 되면 되게 하라. 목표
점수 달성을 위한 약정 시한이 다가오는데도 미달이면 점수를
올려 준다든지 목표 점수를 낮춰서라도 목표를 달성시켜야 한
다. 사기극처럼 보이는 이 방법은 뇌가 '실행-달성-보상-실행'
으로 이어지는 선순환의 연결고리를 자연스럽게 인식하도록
만든다. 죽어 가는 공부, 일단은 살려 놓고 볼 일이다.

5. 동네방네 소문을 내라. 자신이 어떤 보상을 받았는지, 또는 받게 될 것인지 지인이나 주변에 적극적으로 알려라. 그들이 인정하든 안 하든 상관없다. 비웃어도 괜찮다. 단, 반드시 이루어 내라. 농담이라도 주위에서 칭찬과 격려의 말을 듣는다면 진심으로 감사하라. 그들과 보상을 나눌 수 있다면 효과는 배가될 것이다. 다소 유치할지라도 그런 경험들이 쌓이고 쌓이면 당신의 뇌는 당신을 '능력자'로 인식한다.

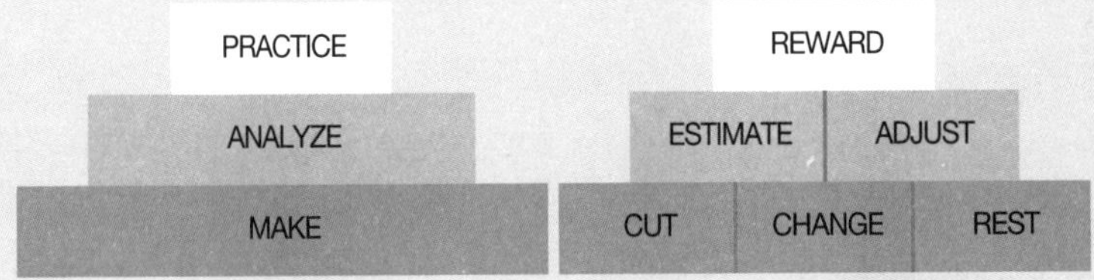

수업일지		년 월 일 요일	
수업	**단원**	**핵심 요약 정리**	
1			
2			
3			
4			
5			
6			
7			
8			
비고			

1 SET	마음 준비	START	1Q	2Q	3Q	4Q	합계(세트/일계 누적)
과목	1분	시간					SET 점수 TOTAL 점수
		집중도	1 2 3 4 5	1 2 3 4 5	1 2 3 4 5	1 2 3 4 5	
2 SET	마음 준비	START	1Q	2Q	3Q	4Q	합계(세트/일계 누적)
과목	1분	시간					SET 점수 TOTAL 점수
		집중도	1 2 3 4 5	1 2 3 4 5	1 2 3 4 5	1 2 3 4 5	
3 SET	마음 준비	START	1Q	2Q	3Q	4Q	합계(세트/일계 누적)
과목	1분	시간					SET 점수 TOTAL 점수
		집중도	1 2 3 4 5	1 2 3 4 5	1 2 3 4 5	1 2 3 4 5	
4 SET	마음 준비	START	1Q	2Q	3Q	4Q	합계(세트/일계 누적)
과목	1분	시간					SET 점수 TOTAL 점수
		집중도	1 2 3 4 5	1 2 3 4 5	1 2 3 4 5	1 2 3 4 5	
5 SET	마음 준비	START	1Q	2Q	3Q	4Q	합계(세트/일계 누적)
과목	1분	시간					SET 점수 TOTAL 점수
		집중도	1 2 3 4 5	1 2 3 4 5	1 2 3 4 5	1 2 3 4 5	
6 SET	마음 준비	START	1Q	2Q	3Q	4Q	합계(세트/일계 누적)
과목	1분	시간					SET 점수 TOTAL 점수
		집중도	1 2 3 4 5	1 2 3 4 5	1 2 3 4 5	1 2 3 4 5	
7 SET	마음 준비	START	1Q	2Q	3Q	4Q	합계(세트/일계 누적)
과목	1분	시간					SET 점수 TOTAL 점수
		집중도	1 2 3 4 5	1 2 3 4 5	1 2 3 4 5	1 2 3 4 5	
8 SET	마음 준비	START	1Q	2Q	3Q	4Q	합계(세트/일계 누적)
과목	1분	시간					SET 점수 TOTAL 점수
		집중도	1 2 3 4 5	1 2 3 4 5	1 2 3 4 5	1 2 3 4 5	
9 SET	마음 준비	START	1Q	2Q	3Q	4Q	합계(세트/일계 누적)
과목	1분	시간					SET 점수 TOTAL 점수
		집중도	1 2 3 4 5	1 2 3 4 5	1 2 3 4 5	1 2 3 4 5	
10 SET	마음 준비	START	1Q	2Q	3Q	4Q	합계(세트/일계 누적)
과목	1분	시간					SET 점수 TOTAL 점수
		집중도	1 2 3 4 5	1 2 3 4 5	1 2 3 4 5	1 2 3 4 5	

※ 별책《스터디 MAP 다이어리》를 활용하시면 더욱 효과를 보실 수 있습니다.

3부

뇌를 살리는 공부 도구

7장
MAP 공부법을 위한 세 가지 힘

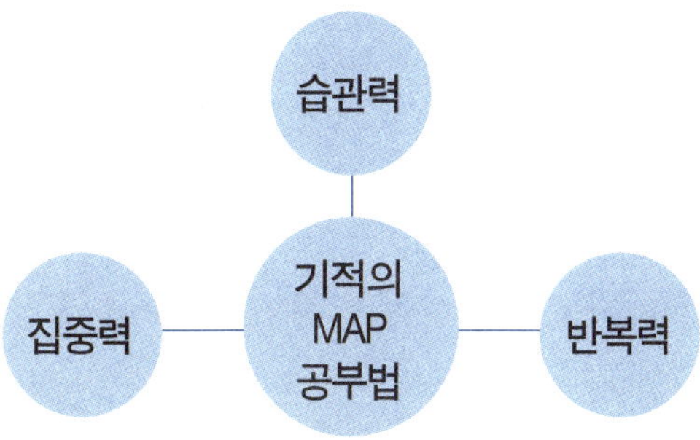

1) 습관력

습관은 그 어떤 일도 할 수 있게 만들어 준다.

- 도스토옙스키

미국의 심리학자 윌리엄 제임스는 "인간은 습관의 다발로 이루어진 존재다."라고 했다. 우리가 매일 하는 행동의 40퍼센트는 의사 결정이 아니라 습관에 의한 것이라고 한다. 가끔 식사 후 이를 닦았는지 헷갈리는 것은 완전히 습관으로 굳어진 행동이기 때문이다.

군대에는 군대 문화가 있다. 전화를 받을 때도, 사람을 부를 때나 대답할 때도 군대 특유의 방식이 있다. 첫 휴가를 나온 군인을 보면 벌써 군대 문화에 익숙해져 말이나 행동이 어색하다. 불과 100일 만의 변화다. 전문가들은 새로운 습관이 자리 잡는 데 걸리는 시간이 20일에서 3개월 정도라고 입을 모은다.

MAP 공부법은 올바른 공부 습관을 형성하고 그렇게 만들어진 습관에 의해 움직이는 시스템이다. 처음 일주일 동안 해야 하는 건 자신의 패턴을 여과 없이 기록으로 나타내 보이는 일이다. 그 후 2주 동안만 제대로 데이터를 만들고 분석하고 실행하는 과정을 거치면 MAP 공부법이 습관으로 자리 잡는다. 그 후 2개월에서 3개월만 지속한다면 MAP 공부법이 왜 뇌를 살리는 기적의 공부법인지 깨달을 것이다.

인간의 뇌는 능력은 막강하지만 현실과 가상도 구별하지 못하는 바보다. 뇌는 엄청난 능력에도 불구하고 상상을 초월할 만큼 경제적이다. 뇌는 생존과 직결되는 문제가 아니라고 판단되면 절대로 에너지를 낭비하지 않는다. 반면 생존을 위해, 혹은 일상에서 매일 필요한 일이라고 판단되면 습관으로 만들어 버린다. 뇌는 에너지 낭비를 허락하지 않을 뿐만 아니라 절약할 방법을 찾기 때문이다.

이 닦을 때를 떠올려 보라. '오늘은 왼쪽부터 닦아야지' 혹은

'이번엔 윗니부터 닦아 볼까?' 하고 생각하는 사람은 없다. 밥 먹고 나면 자동이다. 어느새 정신 차려 보면 거울 앞에서 거품 문 자신을 발견하는 것, 이를 닦았는지조차 기억해 내지 못하게 만드는 것, 그것이 습관의 힘이다.

공부 습관도 역시 MAP 공부법이 답이다. 찰스 두히그는 그의 저서 《습관의 힘》에서 어떻게 하면 원하는 습관을 형성하는지 설명하면서 MAP 공부법이 제시하는 MAKE-ANALYZE-PRACTICE와 매우 유사한 방법을 소개하고 있다. 그는 습관을 없애는 건 불가능하지만 바꿀 수는 있다고 하면서 '신호-반복 행동-보상' 체계를 세운 뒤 이를 '습관고리'라고 명명했다.

그의 습관고리에서 신호는 MAP 공부법의 데이터다. 반복 행동은 분석과 평가 그리고 재실행으로 이어지는 순환 패턴과 일치한다. 그 모든 것을 유기적으로 연결하는 것이 보상이다. MAP 공부법과 정확하게 일치하고 있다.

아울러 찰스 두히그는 습관을 바꾸기 위해 "동일한 신호와 동일한 보상을 유지하면서 새로운 반복 행동을 더하라."고 조언한다. MAP 공부법이 성공하려면 데이터를 만드는 습관 형성이 가장 중요하다. 그래서 처음엔 데이터 만드는 데 초점을 맞추고 보상도 데이터를 위한 기록의 유무나 정도에 따라 보상하는 것이 필요하다. 데이터를 만들면 분석하고 다시 보상하는 반복 행동이 더해질 수 있다.

처음부터 완벽하게 MAP 공부법이 정착되기는 쉽지 않다. 처

음에는 아주 작은 성공에도 큰 의미를 부여하자. 성공할 수 있
다는 믿음과 자신감을 갖자. 스몰 스타트, 스몰 스텝 전략을 꾸
준히 실행에 옮기는 것이 중요하다. 《집중의 힘》을 쓴 세론 Q.
듀몬은 좋은 습관을 만드는 건 좋지 않은 습관을 만드는 것만
큼이나 쉽다고 말한다. 그는 "습관은 종이를 접을 때마다 주름
이 생겨서 다음에 접을 때 한결 쉬워지는 것과 같은 이치다."라
고 말한다. 그렇다, MAP 공부법을 실천에 옮길 때마다 종이를
접어 주름을 잡는 상상을 하자. 한번 잡힌 주름은 절대로 없어
지는 법이 없으니까.

공부는 습관이다. 어떤 행동이 무의식으로 이루어질 때 우리
는 습관이라고 부른다. 누가 시켜서도 아니다. 좋아서 하는 것
도 아니다. 잘했다고 상을 주는 것도 아니다. MAP 공부법으로
공부하면 당신도 쉽게 공부 습관을 들일 수 있다. MAP 공부법
은 그것을 증명해 왔다.

데이터를 열심히 만들어 온 학생들을 오랫동안 코칭하면서
느끼는 점은 MAP 공부법이 별다른 게 아니라 단지 공부 습관
이 내면에 자리 잡게 만드는 도구라는 것이다. 코칭이라는 명목
으로 만나지만 일정 기간이 지나면 내가 손댈 여지가 거의 없
어진다. 이미 습관으로 자리 잡으면 알아서 잘하기 때문이다.

데이터만 봐도 공부가 습관으로 자리 잡았음을 대번에 알아
차릴 수 있다. 그런 학생들은 시험이 코앞이어도 코칭 룸으로
들어설 때 표정이 매우 밝다. 슬럼프 없이 행복한 입시를 준비

한다고 말하는 듯하다. 실제로도 그렇다. 그런 학생들이 좋은 성과를 내지 못하는 게 이상한 일이다.

2) 집중력

집중하지 않는 공부는 시간 낭비다. 집중력의 차이가 천재와 둔재를 가른다. 다행스러운 점은 집중력은 얼마든지 키울 수 있다는 것. MAP 공부법으로 공부한 많은 학생이 MAP 공부법을 따라가다 보면 어느새 집중력이 놀랍도록 향상된 자신을 발견한다고 말한다. 그런데 대부분의 사람은 집중력을 스스로 관리하는 능력이 부족하다. 심지어는 집중력의 필요성조차 느끼지 못한다. 왜 그럴까?

첫째, 훈련받지 못했기 때문이다. 공부하라는 말은 많이 들어봤어도 집중하라는 말은 잘 들어 보지 못했을 것이다. 공부 가르친다는 학원은 동네마다 널렸어도 집중력 가르치는 곳은 아무리 뒤져 봐도 찾을 수가 없다. 집중력 문제는 각자 알아서 해결해야만 했다. 집중력을 기르는 방법도 알려 주지 않고 공부만 잘하라고 했으니 있는 시간 없는 시간 다 써 가며 죽도록 공부해 봤자 성과도 안 나고 힘만 들 수밖에 없었던 것이다.

MAP 공부법을 통해 얻는 가장 큰 이점이 집중력의 비약적인 향상이다. 집중력 훈련을 받지 못해서 생기는 문제는 체계적으로 단련하면 개선할 수 있다. 부록에 소개한 '집중력 강화 노트'를 이용해서 체계적으로 훈련하면 집중력이 몰라보게 향상되는 것을 체험할 것이다.

두 번째, 충동적이고 감정적이기 때문이다. 분노, 격정, 슬픔, 흥분, 증오, 긴장의 감정 상태에서는 집중할 수가 없다. 당연히 그런 상태에서는 공부가 될 리 없다. 과도한 공부 압박에서 오는 스트레스가 공부에 치명적으로 작용하는 것도 결국 집중을 방해하기 때문이다.

이런 경우 타고난 성격과도 연관되기 때문에 첫 번째와는 차원이 다른 문제다. 그래서 복합적인 훈련이 필요하다. 마인드 컨트롤처럼 마음을 다스리는 훈련을 병행해야 할 뿐 아니라 성격 유형 검사 또는 심리 상담을 통해 근원적인 마음의 상태를 개선할 필요가 있다. 명상이나 기도를 통한 마음의 준비를 중요시하고 작은 시간 단위로 집중하는 방법을 제시하는 MAP 공부법의 집중력 강화 훈련이 큰 효과를 발휘할 것이다.

3) 반복력

낙숫물이 바위를 뚫는다. 반복의 힘은 아무리 강조해도 지나치지 않다. 특히 공부에서 그렇다. 물론 덮어 놓고 하는 반복은 시간 낭비요 인생 낭비로 끝나기 쉽다. 반복이야말로 지극히 계획적이고 전략적으로 접근해야 한다. 무조건 반복은 공부나 일의 균형을 해치기 때문이다.

어느 한 분야에 몰두하다 보면 편중된 반복을 할 수 있다. 자칫 집중이 아니라 집착이 되기 쉽다. MAP 공부법은 그 자체로 반복력을 가지고 있다. 데이터를 만들고 평가하고 보상하는 시스템이 균형을 이루며 반복되는 가운데 완성되기 때문이다. MAP 공부법은 반복력을 극대화하는 공부법이다.

반복이 중요한 이유는 한번 뇌로 들어온 정보는 반복을 통해서만 저장될 수 있기 때문이다. 뇌는 우리가 어떻게 해 주기만 기다리지 않는다. 새로운 정보를 받아들이는 일도 중요하지만 들어온 정보를 제때 처리하지 않으면 단기 기억에 잠시 머물다 폐기 처분될 것이다. 정보를 장기 기억으로 저장하려면 반복밖에는 방법이 없다.

우리의 뇌는 중요도에 따라, 난이도에 따라 정보 처리를 해 주지 않으면 안 된다. 어떤 정보를 어느 시기에 어느 정도 반복할지 미리 정하지 않으면 머릿속에서 수많은 정보가 뒤죽박죽 엉켜서 무질서해지고 말 것이다. 과연 어떻게 반복해야 할까. 지켜야 하는 몇 가지 원칙이 있다.

반복은 복습이다

공부를 잘하려면 복습을 잘해야 한다. 뇌는 공부할 마음이 없다. 더군다나 대부분의 공부는 생존과도 무관하다. 뇌 입장에서는 폐기 처분해야 할 쓰레기다. 방법은 하나다. 자주 출몰시키는 것이다. 자주 눈에 띄게 만들어 뇌가 중요하다고 인식하도록 만들어야 하는 것이다. 그게 어디 한두 번으로 될 문제겠는가. 반복력은 복습력이다. 복습을 간단히 숙제 정도 하는 것으로 여겨서는 안 된다. 여기에도 단계가 있다. 복습 1단계는 수업 중, 2단계는 수업 직후, 3단계는 방과 후, 4단계는 주말, 5단계는 시험 기간, 이렇게 다섯 단계로 나눠 볼 수 있다.

1단계는 수업 중이다. 내신 대비를 위해 학교 수업만큼 중요한 것은 없다. 아무리 실력 없는 교사라 할지라도 시험에 나올 문제는 수업 시간에 다 흘리게 되어 있다. 수업 시간에 정신을 바짝 차리고 시간시간마다 중요하다고 알려 주는 내용을 두 개씩만 찾아낸다. 형광펜으로 표시한 후 수업일지(부록 참조)에 기록한다. 학기가 시작되어 중간고사나 기말고사를 치를 때까지 수업 시간이 16시간이고 시험 문항이 33개라면 수업 한 시간당 평균 두 문제는 출제된다고 볼 수 있기 때문이다.

2단계는 수업 직후다. 2단계 복습은 30초면 충분하다. 수업일지를 작성한다고 해도 최대 2분을 넘기지 않는다. 쉬는 시간마저 공부하는 아이라는 인상을 남기기 싫다면 자연스럽게 책장을 넘기며 수업한 내용의 제목과 형광펜으로 표시된 부분을 눈으로 훑어보는 것만으로도 훌륭한 복습이 된다.

3단계는 방과 후다. 당일 복습을 하라. 학교 시간표를 들여다보라. 어차피 매일 공부해야 하는 주요 과목과 복습이 필요 없는 예체능 과목 등을 제외하면 그날 복습해야 할 과목은 두세 개에 불과하다. 진도는 아무리 많이 나가도 교과서 기준으로 서너 페이지 이상은 힘들 것이다. 교과서를 정독하고 정리된 노트를 꼼꼼하게 점검하는 데 걸리는 시간은 길어야 15분. 따라서 주요 과목을 제외한 과목의 복습은 30~40분을 넘기지 않는다. 방과 후 첫 공부는 그날의 복습, 즉 당일 복습으로 채워야 한다.

4단계는 주말이다. 주말에는 일주일 동안 진도 나간 부분을 다시 한번 정독하고 내용을 정리하는 복습을 전개한다. 이미 수업 중, 수업 직후, 방과 후 복습을 거쳤기 때문에 내용에 대한 이해도가 상당히 올라간 상태일 것이다. 복습을 거듭 반복하면 처음 접하는 용어와 개념이 익숙해지기 마련이다. 문제를 풀 때 어려움을 겪는 것은 정의, 즉 개념이 잡히지 않았기 때문이다. 익숙하지 않은 용어들이 불쑥불쑥 튀어나오기 때문에 문제 자체를 이해하지 못한다는 말이다. 복습을 반복하면 학습한 내용을 쉽게 이해할 수 있다. 뿐만 아니라 학습한 내용을 오랫동안 기억할 수 있다.

5단계는 시험 기간이다. 시험 시간표와 수업 시간표를 잘 활용하면 나만의 내신 대비 로드맵(부록 참조)을 만들 수 있다. 시험 시간표는 시험 시작 2주 전에는 나온다. 그때는 과목마다 수업 시간에 배우는 내용이 바로 시험 범위다. 그때의 당일 복습은 그야말로 시험공부다. 시험공부를 따로 하려 들지 마라. 따로 할 시간도 없고 그럴 필요도 없다. 시험에서 낭패를 보는 이유는 시험 기간에만 당일치기로 어떻게든 해 보려고 하기 때문이다. 수업 시간표를 기준으로 당일 복습만 열심히 해도 시험 전까지 최소 일곱 번에서 아홉 번 정도 반복할 수 있다. 작은 노력으로 성적을 극대화하는 가장 합리적이고 과학적인 방법이다.

반복은 타이밍이다

밀린 공부를 먼저 하고 오늘 배운 내용을 나중에 복습하려는 현상을 일컬어 나는 '찬밥 이론'이라고 부른다. 밥을 따뜻하고 맛있게 지어서 냉장고에 넣고 냉장고에 있던 찬밥을 꺼내서 데 워 먹는다면 뭐라고 하겠는가. 분명 어리석다고 혀를 찰 것이 다. 그런데 많은 학생이 그처럼 어리석은 일을 공부라는 이름 으로 매일 반복하고 있다.

"찬밥은 언제 먹어도 찬밥이다."

오늘 공부한 내용부터 복습해야 한다. 오늘 배운 내용은 따 끈따끈하게 새로 지은 밥과 같다. 찬밥은 언제 먹어도 찬밥이 다. 현명한 사람은 새로 지은 맛있는 밥 먼저 먹는다. 지난 공 부를 하기 위해 오늘 배운 공부를 묵혀 두지 마라. 이것이 효율 이다. 효율은 뭔가 특별하고 새로운 것이 아니다. 날마다 생각 없이 행동하는 가운데 효율이 무너지고 있는 것이다. 공부는 깨 어 있을 때, 집중할 수 있을 때 하는 것이 효율을 증대하는 가장 좋은 방법이다. 오늘 배워서 가장 정확하고 쉽게 이해할 때가 최적의 복습 타이밍이다.

반복은 누적이다

대부분의 학생이 반복은 한다. 그런데 누적의 원리를 모르기 때문에 반복의 효과가 반감된다. 수학의 경우 1과부터 5과까지 공부한다고 했을 때, 1-2-3-4-5-1-2-…의 형태로 반복한다면 1과를 공부하고 다시 1과를 공부할 때까지의 시간이 너무 길어서 1과 내용을 다 잊어버리고 만다. 결국 매번 새로운 공부를 해야 하는 데다 성적도 안 오르고 시간과 노력만 낭비하는 셈이 된다.

자기 진도가 있어야 한다는 뜻이다. 큰 그림부터 그려 본다면, 1학기에 배운 내용을 2학기가 시작될 때 다시 복습해야 하는 것이다. 2학기 내용은 다음 1학기가 시작될 때 복습에 들어가야 한다. 이처럼 순환적으로 복습이 이뤄져야 한다. 좀 더 작은 그림을 그려 보면, 1단원이 끝나고 2단원 진도가 시작될 때, 1단원 복습이 함께 시작되어야 한다는 것이다. 더 나아가 위에서 예를 든 수학의 경우도 다음에 제시된 표와 같이 누적 반복을 함으로써 효과를 극대화할 수 있다. 모든 과목에 적용되는 방법이다.

1회 복습	2회 복습	3회 복습	4회 복습	5회 복습	6회 복습	7회 복습
1과	1과	1과				
	2과	2과	2과			
		3과	3과	3과		
			4과	4과	4과	
				5과	5과	5과
					1과	1과
						2과

반복은 A4다

반복을 언제까지 해야 할까. 어느 정도까지 해야 하는 것일까. 그 답은 A4가 쥐고 있다. 이를 'A4 학습법'이라고 이름 지었다. 어떤 책을 공부했다고 말할 수 있으려면 다음 네 가지 조건을 만족시켜야 한다. A4는 Anytime, Anywhere, Anyone, Anything 네 가지를 말하는 것인데, 어떤 책이든 그 책을 섭렵했다면 언제든(Anytime), 어디서든(Anywhere), 누구든(Anyone), 어떤 것이든(Anything) 물으면 즉시 대답할 수 있는 정도가 되어야 한다는 의미다.

수년 전 중2 여학생을 겨울 방학 동안 지도한 적이 있다. 그 학생의 어머니는 중3 문제집을 이미 두 권이나 끝냈다고 했다. 나는 문제 수가 많은 교재를 선정해 주고 내가 갈 때까지 문제를 미리 풀어 놓으라고 주문했다. 처음 방문해서 풀어 놓은 문제를 보니 모든 문제에 동그라미 표시가 되어 있는데 유독 한 문제에 별표를 한 것이었다.

풀이를 해 주다가 이상한 생각이 들었다. 문제집을 두 권이나 풀었다면 모를 리가 없는 문제였기 때문이다. 그런데 그 학생은 그 문제를 처음 봤다는 것이었다. 이전에 푼 문제집 두 권을 가져오라고 했다. 그런데 이게 웬일인가. 앞에서 푼 두 권의 문제집에도 다른 문제들은 여지없이 동그라미가 그려진 데 반해 세 번째 문제집에서 별을 표시한 동일한 문제에 똑같이 별표를 한 것이었다.

그렇다, 그 학생은 점수를 올리는 공부를 한 것이 아니라 자신의 점수를 확인하는 공부를 하고 있었던 것이다. 내가 물었다. "별표 친 거 몇 번 풀어 봤니?" "두세 번 정도 풀고 지나간 것 같아요." 그러니까 두세 번 가지고는 안 되는 문제였던 것이다. 만일 그 친구가 동그라미 친 문제를 푸는 대신 첫 번째 문제집에서 틀린 문제를 열 번 스무 번 풀어 완전히 자신의 것으로 만들었다면 두 번째 문제집에서 공부는 끝났을 것이다.

그런 식으로 책만 계속 바꿔 가며 문제집을 풀어 봤자 성적 향상은 기대하기 어렵다. 계속해서 점수나 확인하는 공부를 하느라 시간만 낭비하는 것이다. 남일 같은가? 너무나도 많은 학생이 이런 어리석음을 범하고 있다. A4 학습법을 기억하여 공부 잣대로 삼기 바란다.

8장
MAP 공부법을 돕는 도구

1) 수업일지 사용법

수업 시간에 집중하지 않으면서 공부 잘하기를 바라는 것은 허황된 욕심이다. 수업을 놓쳤다면 공부를 잘하기 위한 최고의 기회를 날려 버린 것이다. 1학년 때의 수업 결손을 만회하려면 몇 배의 시간과 어려움이 따른다. 1학년 때 놓친 수학을 2학년이 되어 잡아 보려고 학원 등지를 돌아다녀 봤자 뜻대로 되지 않는다. 1년 동안 꾸준히 배운 내용을 학원에서 한두 달 만에 따라잡을 수 있을 리 없다. 공부도 다 때가 있다는 말이 있지 않은가.

공부를 잘하기 위한 골든타임은 오늘, 바로 지금이다. 수업부터 잘 들어야 한다. 수업의 효과를 극대화하려면 우선 수업에서 강조한 내용을 정리해야 한다. 한 시간 수업 중 가장 중요한 내용 두 개에서 세 개를 수업일지에 적는 것이다. 앞에서 복습의 중요성을 이야기했듯이 수업일지를 잘 만들면 수업일지 한 장으로 당일 복습을 간단히 끝낼 수 있다. 수업일지를 파일로 만들어서 월별로 관리하면 필요한 때, 필요한 과목만 쉽게 찾아볼 수 있다.

특히 중간고사나 기말고사를 준비할 때 특정 과목만 모아서 정리하면 시험에서 막강한 위력을 발휘한다. 노트 정리를 하라는 것이 아니다. 쓸 여유가 없거나 특별히 기록할 내용이 없으면 제목이나 소제목만 적어도 괜찮다. 중요한 것은 그날의 하이라이트 두세 개만 간단히 메모 형식으로 적는 것이다.

[예시] 중1 수업일지 : 2016년 3월 4일 금요일

수업	단원		핵심 요약 정리
1	과학	1. 과학이란	1. 과학과 기술의 발달에 따른 영향 2. 과학적 탐구 과정 : 　문제 인식-가설 설정-탐구 설계 및 　수행-자료 분석-결론 도출-일반화
2	국어	1. 시	1. 시의 3요소 : 운율, 심상, 주제 2. 시의 운율 : 외형률, 내재율 3. 시의 갈래 : 형식(정형시, 자유시, 산문시) 　　　　　　 / 내용(서정시, 서사시, 극시)
3	도덕	1. 인간과 도덕	1. 욕구 : 원하는 것, 좋아하는 것 2. 당위 : 해야 하는 것, 해서는 안 되는 것 3. 양심 : 자신의 행동이 도덕적으로 　　　　 옳은지 그른지 분별하는 능력

2) 내신 준비 로드맵 사용법

시험 대비는 최소한 3주 전부터 시작해야 한다. 시험 시간표가 보통 시험 2주 전에는 발표되지만 원활한 대비를 위해 3주 전부터 마음의 준비를 하는 것이 좋다. 시험 시간표가 발표되기 전까지의 시험공부는 특별한 것이 없다. 아직 진도가 시험 범위까지 나가지 않은 상태라서 당일 복습이 곧 시험공부인 셈이다. MAP 공부법이 제시하는 복습 5단계와 내신 준비 로드맵(다음 페이지 도표 참조)을 이용하면 시험을 치를 때까지 최소 일곱 번에서 아홉 번에 걸쳐 정리할 수 있는 기회를 갖는다. 밤샘 공부로 코피 쏟아 가며 무리하지 않아도 시험을 잘 볼 수 있다.

[예시] 당일 복습과 시간표를 활용한 '내신 준비 로드맵'

시험 준비 기간		시험 대비 과목	시간표(예시)					
D-21	월	사회 국어 한문 도덕		월	화	수	목	금
D-20	화	체육 과학 음악 진로	1	사회	체육	과학	수학	국어
D-19	수	과학 국어 한문 도덕	2	국어	과학	국어	체육	체육
D-18	목	체육 음악 도덕 미술	3	과학	음악	한문	음악	사회
D-17	금	국어 체육 사회 한문	4	영어	진로	도덕	국어	수학
D-16	토	주말 복습	5	한문	수학	영어	도덕	한문
D-15	일	주말 복습	6	도덕	동아리	수학	미술	영어
D-14	월	사회 국어 한문 도덕	7				미술	
D-13	화	체육 과학 음악 진로						
D-12	수	과학 국어 한문 도덕	★ 주의 사항 ★					
D-11	목	체육 음악 도덕 미술	1. D-21에서 D-2까지 영어와 수학을 매일 복습한다.					
D-10	금	국어 체육 사회 한문	2. D-9에서 D-2까지는 국어, 영어, 수학을 매일 복습한다.					
D-9	토	주말 복습	3. D-21에서 D-8까지는 시험 범위를 횟수로 나눠서 양을 조절한다.					
D-8	일	주말 복습	4. D-6까지는 전체 시험 범위에 대한 시험 공부를 80퍼센트 이상 끝내야 한다.					
D-7	월	사회 과학 한문						
D-6	화	체육 음악 진로						
D-5	수	과학 한문 도덕						
D-4	목	체육 도덕 미술						
D-3	금	체육 사회 한문						
D-2	토	영어 도덕 음악						
D-1	일	시험 직전 과목	시험 시간표(예시)					
시험 1일차	월	시험 직전 과목	한문 수학 미술					
시험 2일차	화	시험 직전 과목	영어 도덕 음악					
시험 3일차	수	시험 직전 과목	(자율) 과학 체육					
시험 4일차	목		국어 사회 진로					

3) 집중력 강화 노트 사용법

집중력 강화 노트는 보상을 위한 근거를 마련하는 중요한 데이터다. 이 방법은 별도의 시간과 교재가 필요한 지금까지의 집중력 훈련과 본질적으로 다르다. 집중력 강화 노트를 활용한 집중력 훈련은 공부를 직접 활용하여 강화한다는 것이 가장 큰 장점이다.

한 세트는 한 과목을 원칙으로 한다. 예를 들어 1세트에 영어를 공부한다면 15분씩 4쿼터로 나눠서 집중하는 것이다. 나는 학생들에게 한 세트를 15분 3쿼터로 나눠서 공부하는 것이 가장 이상적이라고 말한다. 물론 어떤 학생은 15분조차 길다고 할 수도 있다. 그런 경우에는 10분씩 4쿼터로 하면 된다. 가장 중요한 점은 시간을 미리 정해야 한다는 것이다. 그렇게 해야만 자기통제력과 자기집중력을 동시에 기를 수 있다. 이때 타이머로 시간을 설정해 놓는다.

그다음으로 중요한 것이 집중도 평가다. 각 쿼터별로 집중도에 따라 1~5점을 매긴다. 하루 동안 쌓을 수 있는 점수를 토대로 일주일의 목표 점수를 설정한다. 그리고 목표 달성에 따른 자기 보상을 정한다. 보상은 일주일 단위로 정하되 그 안에 목표를 달성했다면 즉시 보상한다.

목표를 설정할 때 중장기 계획을 동시에 세우는 것이 좋다. 달성 점수에 따라 보상의 강도를 달리해야 보상 효과를 높일 수 있다. 특히 한 달에 한 번 정도는 자기 보상 대신 점수에 해당하는 금액을 기부하거나 봉사 활동으로 대신할 것을 강력히 추천한다. 이타적 학습으로 집중력 향상은 물론 공부의 이유를 깨닫고 한 차원 높은 공부를 할 수 있기 때문이다.

[예시] 집중력 강화 노트

1 SET	마음 준비	START	1Q	2Q	3Q	4Q	합계(세트/일계 누적)	
과목	1분	시간	15	15	15		SET 점수	TOTAL 점수
국어		집중도	1 2 3 ④ 5	1 2 3 4 ⑤	1 2 ③ 4 5	1 2 3 4 5	12	**12**
2 SET	마음 준비	START	1Q	2Q	3Q	4Q	합계(세트/일계 누적)	
과목	1분	시간	15	15	20		SET 점수	TOTAL 점수
수학		집중도	1 2 3 4 ⑤	1 2 ③ 4 5	1 2 3 4 ⑤	1 2 3 4 5	13	**25**

PRACTICE

ANALYZE

MAKE

iMAP 공부법

만들어라 MAKE
분석하라 ANALYZE
실행하라 PRACTICE

효율적으로 가르치고
제대로 공부하게 해야 한다

우리 교육의 가장 큰 문제는 많이 가르치고 적게 공부시킨다는 것이다. 교사들은 열과 성을 다해 열심히 가르치지만 정작 학생들은 제대로 공부하지 않는다. 아이들은 배우면서 지쳐 버렸다. 공부는 과업이 되었고 숙제마저도 해치워야 하는 일이 되고 말았다. 졸업(卒業)은 공부 해방, 졸공(卒工)이 된 지 오래다.

우리 아이들은 질문에 인색하다. 뭘 질문해야 할지 모른다. 질문이 없다는 것은 생각이 없다는 말이다. 생각할 필요가 없는 공부 때문이다. 시험에 나오는 내용만 익혀서 점수를 잘 받는 것이 교육이라고 여겼기 때문이다. 우리에게 공부만 있을 뿐 진정한 교육은 없었다. 그것마저도 점수 따기 공부였다. 공부를 싫어하는 대부분의 아이는 공부 못하는 아이로 학교에 입학해서, 되지도 않는 공부를 하느라 꿈도 잃고 목표도 상실한 채 표류하다가, 결국 공부도 못하는 아이로 졸업, 아니 졸공(卒

工)하는 것이 현실이 되어 버렸다. 그 결과 수많은 젊은이가 20대, 30대까지도 질풍노도의 시기를 벗어나지 못하고 있다. 이는 국가적으로 막대한 손해요 손실이다.

많은 공부가 능사는 아니다. 효율적으로 가르치고 제대로 공부하게 해야 한다. 아이들에게 시간을 돌려줘야 한다. 진짜 공부가 무엇인지 가르쳐야 한다. 질문이 터져 나오게 해야 하고, 토론하게 해야 하며, 스스로 가르치게 해야 한다. 그것은 생각할 기회를 주는 것이고, 책임감을 심어 주는 일이며, 이끌려 사는 것이 아니라 이끄는 능력을 키워 주는 일이다. 교육을 바로 세우는 일이다.

MAP 공부법은 뇌의 특성을 적극적으로 활용해서 공부에 염증을 느끼지 않고, 지속적으로 공부하면서도 공부가 주는 즐거움과 자기주도적인 생활에서 오는 만족감을 가지도록 구성한 공부법이다. 아이들이 왜곡된 교육 현실에 휘둘리지 않고 균형 잡힌 삶을 통해 건강하고 행복한 공부 생활을 영위할 수 있기를 진심으로 바란다. 이것이 내가 MAP 공부법에 거는 기대다.

끝으로 《스터디 MAP 다이어리》와 더불어 MAP 공부법을 적극 지지하고 기꺼이 출판해 주신 도서출판 평단 최석두 대표님과 황인원 주간 이하 수고해 주신 모든 분께 감사를 드리는 바다. 아울러 늘 깨어 있도록 영적인 가르침을 주시는 영원한 스승 이송오 목사님과 교회와 학교에서 함께 하는 모든 동역자, 학생들에게도 고맙다는 말씀을 드린다. 또한 곁에서 늘 기도하며 아낌없는 헌신으로 함께 해 준 아내 수경, 힘들 때마다 비타민 같은 응원으로 큰 힘이 되어 준 두 딸 서영, 신영에게도 사랑하고 고맙다는 말로 인사를 대신하고자 한다.

부록
양식
모음

1) 수업일지

수업일지		년 월 일 요일		
수업		**단원**	**핵심 요약 정리**	
1				
2				
3				
4				
5				
6				
7				
8				
비고				

2) 내신 준비 로드맵

내신 준비 로드맵 (　　　고사 대비)							
시험 준비 기간	**시험 대비 과목**	**시간표**(예시)					
			월	화	수	목	금
D-21							
D-20		1					
D-19		2					
D-18		3					
D-17		4					
D-16		5					
D-15		6					
D-14		7					
D-13		★ **주의 사항** ★					
D-12							
D-11		1. D-21에서 D-2까지 영어와 수학을 매일 복습한다.					
D-10							
D-9		2. D-9에서 D-2까지는 국어, 영어, 수학을 매일 복습한다.					
D-8							
D-7		3. D-21에서 D-8까지는 시험 범위를 횟수로 나눠서 양을 조절한다.					
D-6							
D-5		4. D-6까지는 전체 시험 범위에 대한 시험 공부를 80퍼센트 이상 끝내야 한다.					
D-4							
D-3							
D-2							
D-1	시험 직전 과목	**시간표**(예시)					
시험 1일 차	시험 직전 과목						
시험 2일 차	시험 직전 과목						
시험 3일 차	시험 직전 과목						
시험 4일 차							

3) 스터디 MAP 다이어리(구 버전)

STUDY MAP DIARY 주간 계획/목표	일		월		화	
	월	일	월	일	월	일
일	A6	P4	A6	P4	A6	P4
	10	10	10	10	10	10
	20	20	20	20	20	20
	30	30	30	30	30	30
	40	40	40	40	40	40
	50	50	50	50	50	50
	A7	P5	A7	P5	A7	P5
	10	10	10	10	10	10
월	20	20	20	20	20	20
	30	30	30	30	30	30
	40	40	40	40	40	40
	50	50	50	50	50	50
	A8	P6	A8	P6	A8	P6
	10	10	10	10	10	10
	20	20	20	20	20	20
	30	30	30	30	30	30
화	40	40	40	40	40	40
	50	50	50	50	50	50
	A9	P7	A9	P7	A9	P7
	10	10	10	10	10	10
	20	20	20	20	20	20
	30	30	30	30	30	30
	40	40	40	40	40	40
	50	50	50	50	50	50
수	10	P8	10	P8	10	P8
	10	10	10	10	10	10
	20	20	20	20	20	20
	30	30	30	30	30	30
	40	40	40	40	40	40
	50	50	50	50	50	50
	11	P9	11	P9	11	P9
	10	10	10	10	10	10
목	20	20	20	20	20	20
	30	30	30	30	30	30
	40	40	40	40	40	40
	50	50	50	50	50	50
	12	10	12	10	12	10
	10	10	10	10	10	10
	20	20	20	20	20	20
	30	30	30	30	30	30
금	40	40	40	40	40	40
	50	50	50	50	50	50
	P1	11	P1	11	P1	11
	10	10	10	10	10	10
	20	20	20	20	20	20
	30	30	30	30	30	30
	40	40	40	40	40	40
	50	50	50	50	50	50
	P2	12	P2	12	P2	12
	10	10	10	10	10	10
토	20	20	20	20	20	20
	30	30	30	30	30	30
	40	40	40	40	40	40
	50	50	50	50	50	50
	P3	A1	P3	A1	P3	A1
	10	10	10	10	10	10
	20	20	20	20	20	20
	30	30	30	30	30	30
	40	40	40	40	40	40
	50	50	50	50	50	50
TOTAL						

수			목			금			토		
월	일		월	일		월	일		월	일	
A6		P4	A6		P4	A6		P4	A6		P4
10		10	10		10	10		10	10		10
20		20	20		20	20		20	20		20
30		30	30		30	30		30	30		30
40		40	40		40	40		40	40		40
50		50	50		50	50		50	50		50
A7		P5	A7		P5	A7		P5	A7		P5
10		10	10		10	10		10	10		10
20		20	20		20	20		20	20		20
30		30	30		30	30		30	30		30
40		40	40		40	40		40	40		40
50		50	50		50	50		50	50		50
A8		P6	A8		P6	A8		P6	A8		P6
10		10	10		10	10		10	10		10
20		20	20		20	20		20	20		20
30		30	30		30	30		30	30		30
40		40	40		40	40		40	40		40
50		50	50		50	50		50	50		50
A9		P7	A9		P7	A9		P7	A9		P7
10		10	10		10	10		10	10		10
20		20	20		20	20		20	20		20
30		30	30		30	30		30	30		30
40		40	40		40	40		40	40		40
50		50	50		50	50		50	50		50
10		P8	10		P8	10		P8	10		P8
10		10	10		10	10		10	10		10
20		20	20		20	20		20	20		20
30		30	30		30	30		30	30		30
40		40	40		40	40		40	40		40
50		50	50		50	50		50	50		50
11		P9	11		P9	11		P9	11		P9
10		10	10		10	10		10	10		10
20		20	20		20	20		20	20		20
30		30	30		30	30		30	30		30
40		40	40		40	40		40	40		40
50		50	50		50	50		50	50		50
12		10	12		10	12		10	12		10
10		10	10		10	10		10	10		10
20		20	20		20	20		20	20		20
30		30	30		30	30		30	30		30
40		40	40		40	40		40	40		40
50		50	50		50	50		50	50		50
P1		11	P1		11	P1		11	P1		11
10		10	10		10	10		10	10		10
20		20	20		20	20		20	20		20
30		30	30		30	30		30	30		30
40		40	40		40	40		40	40		40
50		50	50		50	50		50	50		50
P2		12	P2		12	P2		12	P2		12
10		10	10		10	10		10	10		10
20		20	20		20	20		20	20		20
30		30	30		30	30		30	30		30
40		40	40		40	40		40	40		40
50		50	50		50	50		50	50		50
P3		A1	P3		A1	P3		A1	P3		A1
10		10	10		10	10		10	10		10
20		20	20		20	20		20	20		20
30		30	30		30	30		30	30		30
40		40	40		40	40		40	40		40
50		50	50		50	50		50	50		50
	TOTAL										

4) 집중력 강화 노트

1 SET	마음 준비	START	1Q	2Q	3Q	4Q	합계(세트/일계 누적)
과목	1분	시간					SET 점수 TOTAL 점수
		집중도	1 2 3 4 5	1 2 3 4 5	1 2 3 4 5	1 2 3 4 5	
2 SET	마음 준비	START	1Q	2Q	3Q	4Q	합계(세트/일계 누적)
과목	1분	시간					SET 점수 TOTAL 점수
		집중도	1 2 3 4 5	1 2 3 4 5	1 2 3 4 5	1 2 3 4 5	
3 SET	마음 준비	START	1Q	2Q	3Q	4Q	합계(세트/일계 누적)
과목	1분	시간					SET 점수 TOTAL 점수
		집중도	1 2 3 4 5	1 2 3 4 5	1 2 3 4 5	1 2 3 4 5	
4 SET	마음 준비	START	1Q	2Q	3Q	4Q	합계(세트/일계 누적)
과목	1분	시간					SET 점수 TOTAL 점수
		집중도	1 2 3 4 5	1 2 3 4 5	1 2 3 4 5	1 2 3 4 5	
5 SET	마음 준비	START	1Q	2Q	3Q	4Q	합계(세트/일계 누적)
과목	1분	시간					SET 점수 TOTAL 점수
		집중도	1 2 3 4 5	1 2 3 4 5	1 2 3 4 5	1 2 3 4 5	
6 SET	마음 준비	START	1Q	2Q	3Q	4Q	합계(세트/일계 누적)
과목	1분	시간					SET 점수 TOTAL 점수
		집중도	1 2 3 4 5	1 2 3 4 5	1 2 3 4 5	1 2 3 4 5	
7 SET	마음 준비	START	1Q	2Q	3Q	4Q	합계(세트/일계 누적)
과목	1분	시간					SET 점수 TOTAL 점수
		집중도	1 2 3 4 5	1 2 3 4 5	1 2 3 4 5	1 2 3 4 5	
8 SET	마음 준비	START	1Q	2Q	3Q	4Q	합계(세트/일계 누적)
과목	1분	시간					SET 점수 TOTAL 점수
		집중도	1 2 3 4 5	1 2 3 4 5	1 2 3 4 5	1 2 3 4 5	
9 SET	마음 준비	START	1Q	2Q	3Q	4Q	합계(세트/일계 누적)
과목	1분	시간					SET 점수 TOTAL 점수
		집중도	1 2 3 4 5	1 2 3 4 5	1 2 3 4 5	1 2 3 4 5	
10 SET	마음 준비	START	1Q	2Q	3Q	4Q	합계(세트/일계 누적)
과목	1분	시간					SET 점수 TOTAL 점수
		집중도	1 2 3 4 5	1 2 3 4 5	1 2 3 4 5	1 2 3 4 5	

5) 모범 사례

2016 년   **8 월 25 일**   화요일

자기보상점수

TO DO LIST

- ✔ 국어 마닳 2권 2회
- ✔ 수학 500제 40문제
- ✔ 영어 실전 3회, 4회
- ✔ 영어 VOCA 22. 23
- ✔ 영어 듣기 4회
- ✔ 생윤 1회
- ☐
- ☐
- ☐

시간통계

활동(학습)	시간
잠	7h
국어	210′
수학	110′
영어	130′
생윤	110′

D -

시각	내용	시각	내용
A6	기상	P3	
A7	이동 (등원) / 마닳 어제꺼	P4	수학문제 풀기 / 마닳 오답
A8	수학	P5	휴식 / 생윤 복습
A9	비문학 요약 - 과제 / 식사 / VOCA 20, 21 복습	P6	VOCA 22 암기 / 마닳 오답
10	생윤 개념	P7	식사·휴식
11	병원	P8	영어 실전 4회
12	식사·휴식	P9	이동 (귀가) / 개인정비
P1	수학문제 풀기 / 생윤 강의	10	VOCA 23. / 매일 평가
P2	마닳 2회 풀기	11	취침.

자기보상점수

과목	(시간) 집중도	계	누계
마닳	(50)분 1 2 3 ④ 5	4	4
수학	(50)분 1 2 3 ④ 5	4	8
비문학	(30)분 1 2 3 ④ 5	4	12
VOCA	(30)분 1 2 ③ 4 5	3	15
생윤	(40)분 1 2 3 4 ⑤	5	20
수학	(20)분 1 2 3 ④ 5	4	24
생윤	(40)분 1 2 3 ④ 5	4	28
마닳	(60)분 1 2 ③ 4 5	3	31
수학	(40)분 1 2 3 4 ⑤	5	36
마닳	(40)분 1 2 3 ④ 5	4	40
생윤	(30)분 1 2 3 ④ 5	4	44
VOCA	(30)분 1 2 ③ 4 5	3	47
마닳	(30)분 1 2 3 4 ⑤	5	52
영어	(40)분 1 2 3 ④ 5	4	56
VOCA	(30)분 1 2 3 ④ 5	4	60
	( )분 1 2 3 4 5		
	( )분 1 2 3 4 5		
	( )분 1 2 3 4 5		
	( )분 1 2 3 4 5		
	( )분 1 2 3 4 5		
	( )분 1 2 3 4 5		
	( )분 1 2 3 4 5		

주간 / 월간 시간 통계

활동(학습)	주간	월간	활동(학습)	주간	월간
국어	12h	300h			
영어	15h	375h			
수학	18h	450h			
생·윤	4h	30h			
세·지	5h	28h			
한국사	2h	10h			
독서	5h	25h			
운동	3.3h	13h			
피아노연습	2h	10h			

주간 자기 보상 점수 (2 월 4 주)

주간 목표 점수	주간 달성 점수	주간 자기 보상 계획	주간 자기 보상 확인
200	213	베스킨라빈스 바람과 함께 사라지다	✓

월간 자기 보상 점수 (2 월)

월간 목표 점수	월간 달성 점수	월간 자기 보상 계획	월간 자기 보상 확인
1000	1300	10,000원 결식아동 후원	✓

이타적 학습을 위한 자기 보상 목록

요양원 봉사. 전도지접기. 선교헌금. 결식아동 후원. 무의탁노인후원

3월 24일	목	12주 84일 대수능 D-238	3월 25일	금	12주 85일 대수능 D-237	3월 26일	토	12주 86일 대수능 D-236
2 1 4 3		생윤 → 6강 나가야~ 생윤 → 4강 나가야~ ★	2 1 4 3		영어 → 기복기 + 빠르게? 읽으려고 느껴짐!	2 1 4 3		집중시간 알아내기,,
2 1 4 3		한국사 → 두강	2 1 4 3		쉬는 날 계획잡기	2 1 4 3		생윤 → 문제풀이 강의는 필요한 것인듯!
2 1 4 3		생윤 3강 인강 → 좋았다,,	2 1 4 3		순공부 순쉬는시간 ⇒ 재기,,	2 1 4 3		
2 1 4 3		해석공식, 시자성어,,	2 1 4 3		✗ 우현 영어 전략,,	2 1 4 3		
2 1 4 3		마랍 ⇒ 실전처럼,,	2 1 4 3		잘끔글자 이거땜에힘듬,,	2 1 4 3		
2 1 4 3			2 1 4 3			2 1 4 3		
TIME **SUM**			**TIME** **SUM**			**TIME** **SUM**		

3월 14일	월	11주 74일		3월 15일	화	11주 75일		3월 16일	수	11주 76일	
		대수능 D-248				대수능 D-247				대수능 D-246	

마닳 듣기를 20번이나 읽는거,,, (10번만..)

50·60 말고 쭉 - 해보자

졸릴땐 → 자자 강 (5~10분)

→ 8시 ~ 10시 까지 ┌집에서 정신 못차린듯,,, ←폭자

10분 꼭 쉬기 ✗

형태 문법 듣는시간 꼭!! ↳재밌다ㄱㄱㄱㄱㄱ

ㅋ - 마닳 3회1회독, 비유교2 듣·강 1강+숙제

영 - 수특 예·복·강의 2DAY 사탐 - 생윤강의, 사문풀이

TIME SUM ㅋ어→300번째 좀.. 줄이자! 5가반! 영어→22번 3시간 40분.

TIME SUM

TIME SUM 사문 늘리자! (한시간틈)

8월 22일	월	34주 235일	8월 23일	화	34주 236일	8월 24일	수	34주 237일
		대수능 D-87			대수능 D-86			대수능 D-85

2	1	국:236 영:210 탐:62	2	1	국:245 영:210 탐:72	2	1	
4	3	3:56 3:40 1:02	4	3	4:05 3:30 1:12	4	3	
2	1	6:96	2	1	7:35 8:47	2	1	국:220 영:215 탐:90
4	3	8:36 9:37	4	3	1:12	4	3	3:40 3:35 1:30
2	1		2	1		2	1	6:75
4	3		4	3		4	3	7:15 8:45
2	1		2	1		2	1	
4	3		4	3		4	3	
2	1		2	1		2	1	
4	3		4	3		4	3	

TIME SUM	= 8시간 37분	TIME SUM	= 8시간 47분	TIME SUM	= 8시간 45분

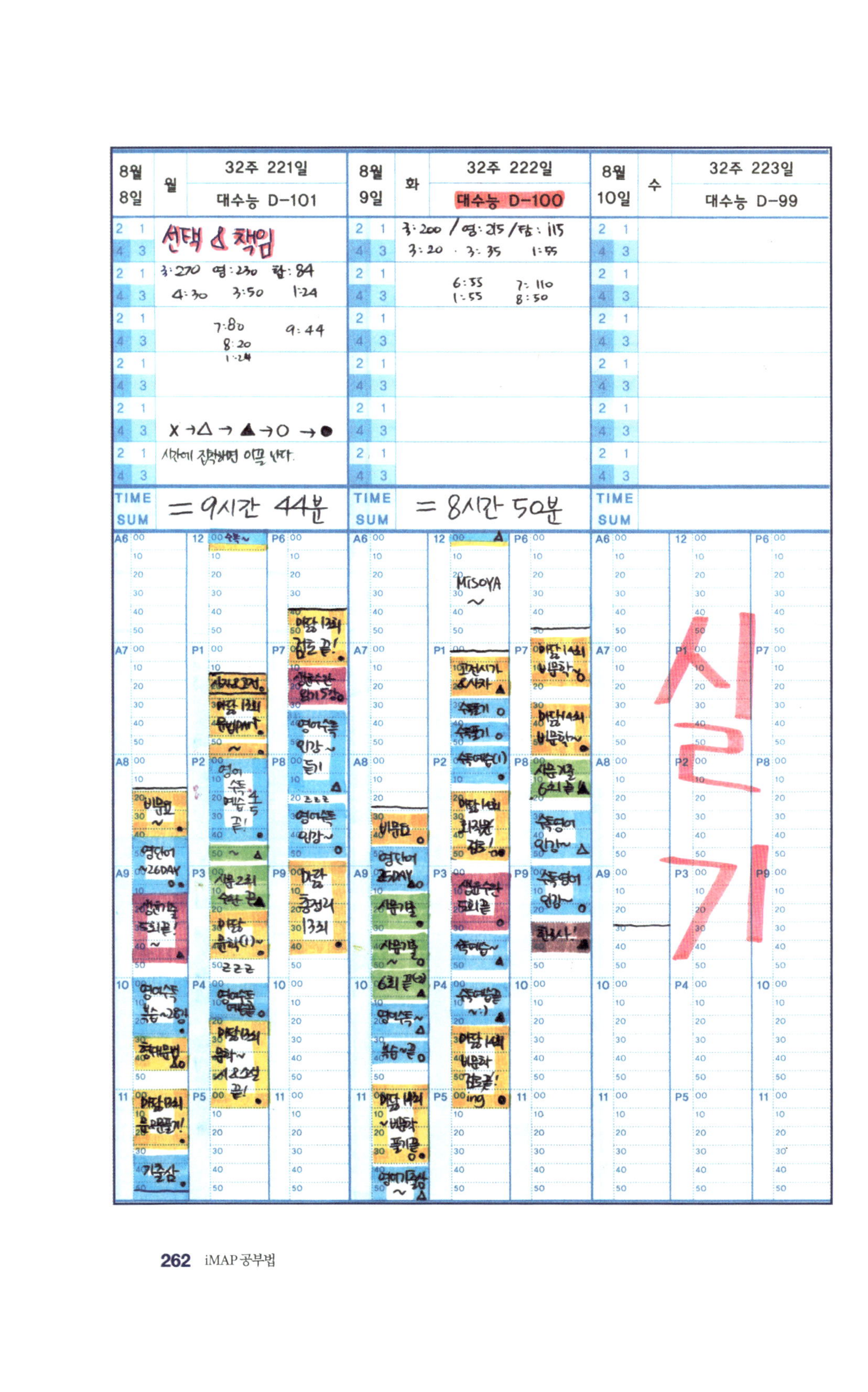

8월 8일	월	32주 221일 대수능 D-101	8월 9일	화	32주 222일 대수능 D-100	8월 10일	수	32주 223일 대수능 D-99

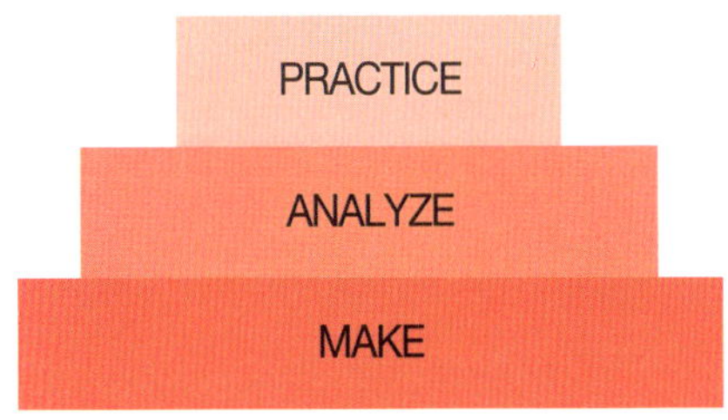

만들어라 MAKE
분석하라 ANALYZE
실행하라 PRACTICE

강재훈

이 책의 지은이 강재훈(姜材勳) 작가는 자기주도학습개발연구소 소장으로 1969년 서울에서 태어났다. 강 소장은 어려서부터 공부법에 관심이 많았는데, 공부법에 따라 성적이 크게 좌우된다는 사실을 경험했기 때문이다. 학창 시절부터 친구들의 공부 시간표와 학업 스케줄을 코칭하고, 중장기 로드맵에 따라 공부법뿐 아니라 생활 학습까지 상담해 주었다.

강재훈 소장은 대학 때 이미 학원을 열어 자신만의 공부법을 전수하다 2005년부터 효율적인 학습을 위한 공부법과 다이어리를 본격적으로 개발, 지금의 MAP 공부법과 스터디 MAP 다이어리를 개발하기에 이르렀다. 또한 본인이 여러 차례 입시를 치르면서 다양한 변수를 직접 경험했을 뿐 아니라 21년간 교육 현장에서 수많은 학생을 겪으며 남들이 갖기 힘든 경험과 노하우를 축적할 수 있었다. 그 경험과 노하우를 바탕으로 대한민국 모든 국민이 공감할 수 있는, 그래서 누구나 쉽게 다가서고 재미있게 공부할 수 있는 국가 대표 공부법을 개발하기 위해 노력하고 있다.

강재훈 소장은 2005년부터 지금까지 기독교 대안 학교 서울크리스찬중고등학교에서 학생들을 가르치고 있으며, 시간 관리와 MAP 공부법 코칭 강사로서, 리더십 강사로서, 아마추어 플루티스트로서, 아마추어 마라토너로서, 그리고 자기주도학습개발연구가로서 창의적인 시간 관리 연구와 다이어리 개발 및 학습법 연구에 매진하고 있다.

카페주소 – http://cafe.naver.com/studymapdiary

iMAP 공부법

지은이 | 강재훈
발행처 | 도서출판 평단
발행인 | 최석두

신고번호 | 제2015-000132호
신고연월일 | 1988년 07월 06일

초판 인쇄 | 2017년 01월 24일
초판 발행 | 2017년 01월 31일

우편번호 | 10594
주소 | 경기도 고양시 덕양구 통일로 140(동산동 376) 삼송테크노밸리 A동 351호
전화번호 | (02)325-8144(代)
팩스번호 | (02)325-8143
이메일 | pyongdan@daum.net

ISBN | 978-89-7343-490-9 13370

값 · 13,500원

이 도서의 국립중앙도서관 출판시 도서목록(CIP)은
서지정보유통지원시스템 홈페이지(http://seoji.nl.go.kr)와
국가자료 공동목록시스템(http://www.nl.go.kr/kolisnet)에서
이용하실 수 있습니다.
(CIP제어번호: CIP2017000815)